SEF Collana | NEO-FUNZIONALISMO E SISTEMI INTEGRATI

Scuola Europea di Formazione in
Psicologia
e Psicoterapia Funzionale

Collana Neo-Funzionalismo e Sistemi Integrati

Questa pubblicazione fa parte della collana dedicata al Neo-Funzionalismo, ovvero un'Area scientifica di pensiero, ideata e messa a punto dagli anni '80 in poi da Luciano Rispoli, di cui la Psicoterapia Funzionale è uno dei metodi operativi. Ogni libro tratta un tema specifico legato ad un determinato campo d'intervento della Psicologia Funzionale.

Maria Luisa Passarini
Elio Vezza

ADHD
Deficit di attenzione e iperattività

La valutazione e l'intervento
nella Psicologia Funzionale

Redazione
Luciano Rispoli
Paola Bovo, Paola De Vita

Hanno curato questa pubblicazione

Paola De Vita, Nadia Lucci, Claudia Sciacchitano

Facebook:
https://www.facebook.com/scuola.di.psicoterapia.sef

Email:
formazione@psicologiafunzionale.it

I lettori che desiderano informarsi sulle pubblicazioni inerenti al Neo-Funzionalismo (libri, articoli, rivista on line, ebook) possono consultare il nostro sito Internet www.psicologiafunzionale.it e iscriversi nella home-page al servizio "Resta Informato" per ricevere le nostre novità

Un ringraziamento alle colleghe Francesca Antonelli e Nicole Zecchetti che hanno supportato con grande pazienza e competenza la ricerca bibliografica.

Un ringraziamento agli allievi della Scuola Europea di Psicoterapia Funzionale per le domande interessanti che attivano la ricerca.

Premessa

È con molto piacere che presento questo lavoro prodotto da Maria Luisa Passarini e Elio Vezza, professionisti che stimo e cari amici.

Nello specifico, questa pubblicazione non solo ha lo scopo di divulgare l'innovativo Modello della Psicologia Funzionale, ma anche quello di fornirti tutta una serie di elementi teorici e pratici sulla modalità di valutazione e di intervento sul deficit di attenzione e iperattività secondo la Psicologia Funzionale.

Buona lettura,
Paola De Vita

INDICE

LA PSICOLOGIA FUNZIONALE NELLA SCUOLA

Elio Vezza

Il Modello Funzionale, ricco della sua esperienza nel campo della prevenzione, della clinica, della formazione, non è nuovo all'intervento operativo nella Scuola, volto ad arricchire le professionalità e le competenze di quanti, nel rapporto educativo, si confrontano con le problematiche di infanzia, preadolescenza e adolescenza.

In quanti operano nella Scuola oggi, insieme ad una riflessione critica del processo educativo e didattico, si fa strada una visione nuova del percorso formativo che, partendo da scientifici modelli orientativi, raggiunga, con precisi interventi, gli obiettivi irrinunciabili della Persona, sia alunno che insegnante.

Tutto ciò al fine di ottenere che la Scuola rimanga sì luogo di trasmissione di conoscenze e attività, ma principalmente luogo di relazioni e contatto affettivamente significativi.

Nel campo della Formazione degli insegnanti viene privilegiata spesso l'acquisizione di tecniche e strategie esclusivamente didattiche, tanto da parte degli operatori che dei formatori.

Nei percorsi di formazione ispirati al Pensiero Funzionale, che partono da un'angolazione prettamente clinica, Operatori e Formatori sono invitati a prendere le mosse dalla propria personale esperienza di apprendere, pensare, fare e modificare modalità di elaborazione della propria operatività nell'ottica di un intervento integrato.

Non è più soltanto un'informazione sulle dinamiche della relazione, su quello che dovrebbe essere il rapporto con l'alunno, ma il raggiungimento di una disponibilità ampia, un'apertura, una flessibilità che permetta di cogliere esigenze e bisogni dell'altro così come tendono a presentarsi.

Quando questa esigenza di relazionarsi non trova una risposta adeguata o si risolve in una soluzione che tiene temporaneamente impegnato/distratto il bambino quanto l'adulto, questi possono apparire calmi e soddisfatti all'inizio, ma poi i nodi vengono al pettine.

E' così che scoppiano improvvisi disadattamenti in età infantile e/o adolescenziale per un verso, o che l'insegnante, dopo anni di lavoro apparentemente soddisfacenti, si accorge che qualcosa non va ed entra in crisi. Anche gli Insegnanti esprimono bisogni, esigenze, vogliono conoscere e apprendere cose nuove e, anche in questo caso, ad un altro livello: fra adulto e adulto può esistere la stessa mancanza di risposte valide, proprio come fra adulto e bambino.

Un concetto nuovo di intervento sui disfunzionamenti della persona non può più corrispondere ad un intervento parziale, limitato ad un solo aspetto, ma deve agire su di un più largo raggio, su tutto il Sé.

C'è un modo nuovo per considerare tutto questo, per considerare la persona nella sua interezza e nella sua complessità senza restare nel vago, ed è il Pensiero Funzionale a fornircelo.

La Psicologia Funzionale non solo guarda alla persona come organismo profondamente unitario ma guarda ai suoi funzionamenti, le varie Funzioni psicocorporee in cui l'intero organismo si esprime di volta in volta nei suoi vari aspetti o piani di funzionamento.

In un processo di apprendimento integrato risulta fondamentale il coinvolgimento di tutta la Persona al progetto educativo e l'idea del corpo/ come sistema integrato del Pensiero Funzionale, che abbatte la tradizionale barriera tra mentale e corporeo, ritrova quel concetto di Persona   alla cui formazione e al cui equilibrio dinamico concorrono le componenti cognitive, emotive, fisiologiche e posturali proprie del Modello Funzionale.

Attraverso il Modello Funzionale quando c'è "qualcosa che non va" possiamo andare a guardare come e dove vi siano alterazioni nelle varie "Funzioni".

Psichico e corporeo sono un tutt'uno e tutte le funzioni dell'organismo sono paritetiche, tutte ugualmente importanti. E' l'intero organismo che funziona bene o può alterarsi: nel movimento, nella respirazione, nel sistema neurovegetativo, nel tono muscolare, così come nelle fantasie, nelle emozioni, nei valori simbolici. Ed è l'intero organismo che deve essere recuperato su tutte queste funzioni, altrimenti non riacquista integrazione, mobilità e capacità di star bene.

L'efficacia del quadro Funzionale è quella di esaltare la tipicità individuale e, nello stesso tempo, la tipicità di una tale rappresentazione è quella di permettere di comparare una situazione all'altra, di inquadrare situazioni singolari in una visione più generale e permettere comunicazioni sempre più agevoli, precise, veloci.

Risulta cosi possibile pensare a un progetto terapeutico complessivo, ad una serie di percorsi e di strategie meno vaghe e imprecise, adattabili a ciascuna situazione, ad ogni "configurazione del Sé", fosse quella di un singolo paziente, di un gruppo, di una istituzione.

Il pensiero Funzionale ha alla sua base lo studio e l'uso di sistemi-organismo, dei processi di organizzazione di tali sistemi, dei suoi livelli di modificazione, sia interna che esterna, dell'integrazione di vari approcci e prospettive scientifiche, dell'intervento operativo e comunicativo.

L'integrazione tra Psicologia e Scienza Medica rende sempre più efficaci e duraturi il miglioramento nella cura e nella prevenzione.

Medici e terapeuti devono affidarsi ad una osservazione dei funzionamenti umani seguendo precisi protocolli, modelli e strumenti validati secondo le più recenti scoperte, soprattutto nel campo delle neuroscienze.

Su questo aspetto la Psicologia Funzionale può dare un contributo determinante nel perseguire il benessere e la salute.

Capire perché una persona presenta una determinata patologia non è solo frutto di una precisa raccolta nosografica di sintomi; diverso é comprendere "come e quanto" i suoi funzionamenti si sono alterati e soprattutto cosa è essenziale per quella persona per riacquistare salute e benessere.

Una buona relazione, il saper prendere (in carico) la persona, guidarla e portarla al recupero del benessere, indurre al cambiamento stabile e duraturo, devono diventare fattori comuni alla base di qualsiasi intervento volto al vero concetto di salute, secondo la definizione dell'OMS.

Bisogna, infine, trovare percorsi integrati per intervenire sul disfunzionamento.

L'obiettivo principale della Psicoterapia Funzionale é quello di riarmonizzare le Funzioni su tutti i piani del Sé.

Gli strumenti per raggiungere questi risultati consistono in una corretta diagnosi ed una serie di tecniche organizzate secondo un preciso percorso/progetto terapeutico.

CONCETTI CHIAVE DELLA PSICOLOGIA FUNZIONALE

Maria Luisa Passarini

La scoperta delle "Esperienze di Base del Sé"

Le nuove conoscenze sull'infanzia, sviluppatesi a partire dalla ricerca in psicologia evolutiva, ci dicono che la buona qualità dell'interazione del bambino con l'ambiente (e in particolar modo con gli adulti) è fondamentale per lo sviluppo del bambino. Ci dicono anche quali caratteristiche devono avere queste interazioni per favorire il benessere e la piena realizzazione delle potenzialità dei piccoli.

"Possiamo dire che per uno sviluppo sano del bambino sono indispensabili alcune esperienze primarie; esperienze che sono alla base della vita (costituite da emozioni, movimenti, sensazioni fisiche, fantasie, il tutto intersecato con i sistemi e apparati biologici interni dell'organismo). La Psicologia Funzionale le definisce Esperienze Basilari del Sé" (Rispoli 2004).

Le ricerche sulla vita neonatale ci dicono con certezza, per esempio, che un neonato ha sin dall'inizio un contatto molto intenso con la madre (attraverso lo sguardo, il tocco, il movimento e la voce) e ci dicono che di questo contatto ha grande bisogno.

Rispoli sottolinea l'importanza del contatto e, in particolar modo nella prima infanzia, del contatto fisico, fondamentale affinché il neonato possa continuare a percepire in modo positivo la relazione con l'ambiente. Esso costituisce una delle esperienze primarie che coinvolgono l'organismo nella sua interezza ed è solo una delle numerose Esperienze di Base del Sé di cui si occupa la Psicologia Funzionale (vedi fig. 1).

Le Esperienze di Base del Sé rendono possibile lo sviluppo pieno e integrato delle risorse della persona, dei suoi Funzionamenti di Fondo.

"Solo se le Esperienze di Base del Sé vengono attraversate più volte in modo sufficientemente pieno, aperto, positivo, in differenti sfumature e situazioni, diventano vere e proprie capacità consolidate e stabili.

Esse andranno a costruire il serbatoio a cui è possibile attingere ogni qual volta ve ne sia bisogno: per poter vivere pienamente una determinata situazione, per poter realizzare ciò che si desidera, per interagire con efficacia e successo con gli altri e con la realtà".

("Il Manifesto del Funzionalismo Moderno" Rispoli, 2010).

TENUTI
Essere Tenuti (contenuti, fermati)
Essere Presi
Essere Portati (guidati)
Essere Protetti

LASCIARE
Lasciare (allentare muscolatura, incantarsi, non tenere)
Fidarsi (affidarsi, fiducia)
Abbandonarsi all'altro

CONTATTO
Contatto (vicinanza, fusione, empatia)

CONTATTO RICETTIVO
Essere Nutriti (ricevere, assorbire)
Richiedere (per ricevere, richiamare)

CONTATTO ATTIVO
Prendere (sedurre, portarsi l'altro, carisma)
Tenersi l'altro
Cambiare l'altro (muovere, trasformare)
Dare (abbracciare, regalare)

AMORE
Essere Amati (portati dentro)
Amare (portare dentro, darsi, appartenere all'altro)
Riconoscenza
Continuità positiva (ricordi, aspettativa positiva)
Amarsi (dare a sé, piacersi, autoconsolarsi, sistemarsi)

PIACERE
Piacere (eccitazione, godersi le cose)
Desiderare
Piacere dell'altro (trarre piacere dall'altro)
Benessere (armonia, interezza, verso il basso, vagotonia)

CALMA
Calma (tranquillità)
Aspettare (pazienza)
Stare (oziare)

SENSAZIONI
Sensazioni (sentirsi, conoscersi)
Percepire l'altro (percepire l'altro la realtà, percezione ampia o concentrata, esplorare)
Stupore (meraviglia, vedere il non noto nel noto)

CONTROLLO
Concentrarsi (attenzione)
Attenzione Morbida
Allentare Controllo (sciogliersi, perdersi)
Perdere Controllo (buchi, esplosioni, crolli, trasgredire)

FORZA
Forza Originaria (distaccarsi, farsi spazio)
Forza Morbida
Forza Calma (affrontare, fronteggiare, potenza)
Forza Aperta (buttare via)

CONDIVISIONE **Aprirsi** (raccontare di sé) **Condividere** (scambiare, cointeressarsi) **Alleanza** (l'altro dalla propria parte) **Piacere All'altro** (mostrarsi, migliorarsi per l'altro)	**AGGRESSIONE** **Aggressione Affettuosa** (giocosa **Aggressione** (per difendersi, attaccare) **NEGATIVITA'** **Rabbia** **Odio** (cattiveria) **Dolore**
TENEREZZA **Tenerezza** (dolcezza, morbidezza) **Cedere** (accettare, tollerare) **Necessità dell'altro** (fragilità)	**CONSISTENZA** **Presenza** (visibilità, espandersi) **Consistenza** (peso, sicurezza, fierezza, valorizzarsi)
CONSIDERATI **Essere Visti** (ascoltati capiti) **Essere Valorizzati** (apprezzati)	**AFFERMAZIONE** **Assertività** (affermazione delle proprie idee, imporsi) **Determinazione** (tenacia, andare in fondo, resistere) **Scegliere** (decidere)
VITALITA' **Gioia** (slancio, guizzi) **Vitalità** (attivarsi, energia, passione) **Giocare** (umorismo) **Osare** (andare oltre, andare avanti, coraggio)	**AUTOAFFERMAZIONE** **Autoaffermazione** **Progettare** (concretizzare sogni) **Realizzazione** (soddisfazione) **Competere** (voler vincere)
CREATIVITA' **Creatività** (immaginazione) **Gusto del Bello**	**AUTONOMIA** **Opposizione** (rifiuto) **Separarsi** (distacco) **Autonomia** (stare bene da soli, non dipendenza)

Esperienze di Base del Sé (L. Rispoli versione 2015)

Le Esperienze di Base del Sé sono quelle esperienze che vanno a soddisfare i Bisogni di base del Sé. Vediamo quali sono, secondo L. Rispoli, i Bisogni fondamentali, che si avvicinano concettualmente, pur nell'approssimazione insita nel paragonare due modelli teorici differenti, alle mete pulsionali di matrice psicodinamica.

Nella cornice del Neo-Funzionalismo l'intero organismo si sviluppa cercando risposta al Bisogni di amore, di contenimento, di nutrimento, di calore, di sentirsi e percepirsi, di conoscere, di essere contattato, di progettare, di muoversi, di esprimersi, di espandersi e di sviluppare la sessualità.

Le Esperienze di Base del Sé si realizzano nell'incontro tra i Bisogni fondamentali del Sé in evoluzione e le risposte sufficientemente buone dell'ambiente.

Ogni Esperienza di base del Sé coinvolge tutto l'organismo: la parte psicologica, quella corporea e quella emotiva.

L'esperienza di Essere Tenuto, per esempio, fa sperimentare al bambino emozioni di calma e serenità, sensazioni fisiologiche rassicuranti, allentamento della muscolatura, calma nel sistema neurovegetativo e attiva ricordi positivi di esperienze in cui è stato tenuto come il ricordo essere stato tenuto in braccio, tenuto per mano, contenuto in un abbraccio ecc…

Ogni Esperienza di Base è sperimentata dalla persona nella sua interezza, non è "solo" psicologica; influisce quindi sullo sviluppo dell'intera persona.

Osservare le Esperienze Basilari del Sé è fondamentale per la prevenzione del disagio e per l'intervento psicologico ed educativo in età evolutiva.

Osservare le EBS significa guardare ai comportamenti del bambino sapendo individuare da dove arrivano, quale ne è l'origine nella storia del bambino.

Ogni comportamento alterato, ogni sintomo, può essere compreso nella sua origine relazionale perché l'analisi Neo-Funzionale è in grado di andare al di sotto dei comportamenti e comprenderne il rapporto con le Esperienze di Base antecedenti e quelle attuali, nel contesto di vita del bambino.

Osservare le EBS significa osservare se il bambino può stare tranquillo e sereno (EBS Calma), se può lasciare la muscolatura e incantarsi (EBS Lasciare), se vive piacevolmente l'essere tenuto (EBS Essere

Tenuto), se prova curiosità (EBS Stupore), se si abbandona con facilità nelle braccia dell'adulto (EBS Fidarsi), se può usare la forza in modo calmo (EBS Forza calma), ecc… Rilevare se presenta delle difficoltà in queste "categorie" di comportamenti significa valutare la presenza di segnali di disagio.

Saranno quelle Esperienze di base che, riproposte nei contesti educativi, familiari o terapeutici, potranno riavviare uno sviluppo sano del bambino in quelle aree in cui presenta delle difficoltà.

L'osservazione Funzionale ci permette di capire quanto sia integrato ed armonico il Sé del bambino, di valutare la sua capacità vitale, la capacità di apprendere e di entrare proficuamente in relazione con il mondo, e di cosa ha eventualmente bisogno per ripristinarla.

"I segni precoci che possono darci conto del funzionamento complessivo del bambino sono numerosi, non sempre evidenti, e spesso molto differenti da quelli che tradizionalmente vengono presi in considerazione (proprio perché di gran lunga antecedenti ai disturbi veri e propri). Inoltre i segni precoci devono riguardare, per avere una certa capacità predittiva, necessariamente tutti i livelli di funzionamento dell'organismo, tutti i piani del Sé, in una visione multidimensionale e complessiva." (Rispoli 2004)

Il Sé nella Psicologia Funzionale è mobile e adattabile alle richieste dell'ambiente e si esprime attraverso ogni sua Funzione.

Nello sviluppo del pensiero Funzionale e dalle ricerche delle Neuroscienze, emerge sempre più chiaramente che la mente ed il corpo sono profondamente integrati.

Siamo stati a lungo abituati a pensare in modo differente agli aspetti strettamente psicologici, ineffabili e interiori, rispetto a quelli corporei, materiali e visibili.

La scienza psicologica e le neuroscienze hanno gradualmente messo in evidenza come i fattori psicologici e quelli fisici sono così strettamente integrati da costituire un tutt'uno, al punto da poterli pensare attraverso la metafora delle due facce di una medaglia.

Pensando alle differenti situazioni di vita è evidente come al modificarsi dell'uno si modifica anche l'altro. Pensiamo al passaggio dalla gioia alla tristezza, cambiano i pensieri ma cambiano ovviamente anche le emozioni e anche alcuni parametri corporei come l'attivazione fisiologica (abbastanza elevata nella gioia e bassa nella tristezza) e la qualità dei movimenti (guizzanti o rallentati).

Man mano diviene sempre più chiaro come sia necessario, per comprendere l'essere umano, non parlare più di corpo e mente ma di un organismo fatto dei molteplici suoi aspetti.

Possiamo teorizzare il Sé come un organismo (integrato), in cui tutti i suoi Funzionamenti sono ugualmente importanti e in relazione gli uni con gli altri.

I diversi piani del Sé evidenziati dal Neo-Funzionalismo sono il piano Cognitivo, quello Emotivo, quello Fisiologico e quello Muscolare/Posturale. Ognuno di questi piani rappresenta una parte del Sé ed è continuamente in comunicazione e solidale con gli altri. Vediamo così il Sé esprimersi attraverso le differenti Funzioni che appartengono a questi quattro piani del Sé: la voce, il sistema ormonale, il tono muscolare, i pensieri, le emozioni, la forza muscolare, le posture ecc... (Fig. 3)

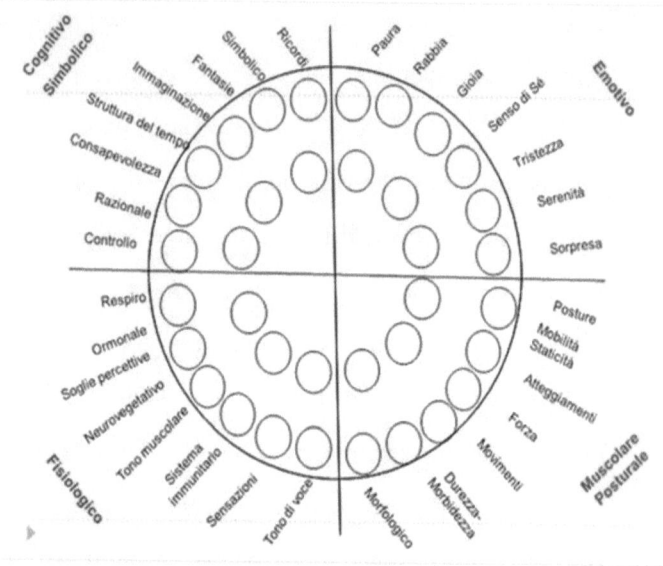

Fig. 1 Funzioni del Sé (Rispoli 1996)

Ognuna delle Funzioni del Sé è osservabile e modifica il suo stato in relazione alle richieste ambientali. Quando il Sé è armonico e privo di alterazioni le diverse Funzioni si adattano di volta in volta alla situazione ambientale in modo armonico. Se vi sono delle patologie, delle alterazioni del Sé, alcune Funzioni finiscono per perdere la mobilità e l'armonia, quindi l'integrazione originaria, e non sono più in grado di rispondere alle richieste ambientali.

Può capitare quindi, per esempio, che il tono di voce sia sempre basso anche quando la situazione richiederebbe di essere forti e consistenti; magari la muscolatura è tonica e i movimenti sono energici, ma la voce non si sintonizza con queste Funzioni per esprimere la forza.

Queste alterazioni della mobilità, responsività e integrazione si producono nel tempo quando ripetutamente mancano alcune precise Esperienze di Base del Sé, o quando le EBS sono state sperimentate in modo troppo alterato.

Quando viene scoraggiata, inibita o contrastata l'espressione piena e forte della voce e, con essa, l'esperienza piena di poter manifestare e sperimentare l'EBS della Forza aperta, questo progressivamente fa sì che la sua Funzione "voce" perda la possibilità di essere forte e intensa anche quando ce ne sarebbe bisogno.

Capita ancora spesso, per esempio, che culturalmente alle bambine venga esplicitamente o implicitamente chiesto di trattenere e moderare la voce, e con essa la forza e anche l'aggressività, che vengono connotate negativamente nell'espressione femminile.

Recuperare la Voce pienamente sonora richiede un lavoro in cui la bambina possa sperimentare la Forza su tutti i piani del Sé senza essere fermata o svalutata per questo. L'EBS deve essere sperimentata più volte nella sua pienezza, coinvolgendo tutti i piani del Sé, con tecniche quindi che coinvolgono movimenti, immaginazione, pensieri, emozioni, voce, ecc...

Le Funzioni e le EBS si esprimono in una gamma che va da un polo al suo opposto.

Una scoperta interessante e proficua della Psicologia Funzionale è che ogni Funzione del Sé ed ogni Esperienza di Base del Sé ha bisogno di poter spaziare tra due polarità opposte per mantenersi sana e responsiva.

Capita poi che, se si perde la possibilità di esprimere a pieno una polarità, man mano la Funzione o l'EBS perdano anche la possibilità di esprimere la polarità opposta. Il controllo sempre elevato produce l'impossibilità di sperimentare anche l'allentamento del controllo, questo è intuitivo, ma succede nel tempo che l'impossibilità di allentare il controllo man mano faccia diminuire anche la possibilità di mantenere efficace il controllo stesso.

La voce sempre dolce man mano perde dolcezza perché la perdita della voce forte fa perdere pienezza e mobilità alla voce in toto.

Il neurovegetativo sempre in simpaticotonìa porta gradualmente a perdere la pienezza della vitalità che la simpaticotonìa supporta.

Molte tecniche di riequilibrio del Sé prevedono quindi interventi apparentemente paradossali, per cui per recuperare la calma facciamo sperimentare intensamente la vitalità, e per recuperare l'autocontrollo facciamo sperimentare la Perdita di controllo più e più volte in modo intenso. Questi esempi sono particolarmente interessanti, come vedremo, nella metodologia di riequilibrio delle alterazioni del Sé connesse all'ADHD.

DISTURBI DELL' ATTENZIONE E IPERATTIVITA'

Maria Luisa Passarini

Il Disturbo da deficit di attenzione e Iperattività è la punta di un iceberg, compare solo in una piccola parte dei bambini che manifestano alterazioni dell'attenzione e una tendenza all'iperattività.

Molti bambini soffrono di disattenzione più sfumata o di una certa tendenza all'iperattività e anche questi bambini vengono portati in consultazione. E' pensiero condiviso tra i clinici che anche in questo gruppo vi sia un disagio sottostante, di cui è bene occuparsi.

Proporre interventi dedicati ai bambini che presentano questi sintomi sfumati e manifestano lievi difficoltà negli apprendimenti e nella socialità a causa di essi, fa comunque parte dei compiti dello psicologo e delle figure educative.

Occorre scegliere, in questi casi, un approccio privo di allarmismi, orientato ad un riequilibrio dei Funzionamenti del bambino e ad una consulenza puntuale ai genitori.

Si tratta di accogliere le preoccupazioni degli adulti e cogliere i bisogni sottostanti a questi segnali per poi guidare i genitori di ogni singolo bambino a modificare alcuni aspetti della relazione educativa e affettiva.

Sono interventi efficaci i laboratori psicoeducativi di riequilibrio dedicati a piccoli gruppi di bambini. Si tratta di brevi percorsi, otto-dieci incontri, con tecniche giocose Funzionali che permettano un riequilibrio dei Funzionamenti di fondo del bambino e anche la raccolta di informazioni sul singolo bambino e i suoi Funzionamenti, che saranno preziosi nella consulenza ai genitori.

Quando le alterazioni sono molto importanti, tanto da compromettere significativamente la vita del bambino in diversi contesti; quando ci sono i presupposti per parlare di ADHD, l'intervento deve essere più intenso e la presa in carico deve essere di tipo psicoterapeutico.

La consulenza ai genitori rimane importante ed è importante anche la consulenza agli insegnanti per garantire buoni risultati e un significativo miglioramento.

I dati epidemiologici ci dicono che solo il 20/30% dei bambini agitati e distratti rientrano nei criteri definiti dal DSM per poter porre una diagnosi di ADHD anche lieve. Gli autori che scrivono dalla prospettiva del clinico ci segnalano che solo il 50% dei bambini portati in valutazione rientra nei parametri dell'ADHD (Marzocchi 2003).

Il DSM definisce i criteri diagnostici necessari a diagnosticare la presenza dell'ADHD, classificato come disturbo neurobiologico; ci indica quindi come differenziare quel 20/30 % di bambini dagli altri. Sono i criteri che indicano il livello minimo di alterazione per poter annoverare un bambino nel gruppo sulla punta dell'iceberg.

In questo scritto ci occuperemo dell'intervento Funzionale dedicato ai bambini ADHD, cioè con un elevato livello di compromissione di attenzione e iperattività, e anche di quello dedicato ai bambini che manifestano sintomatologie simili, ma più sfumate di quelle connesse a questa sindrome ormai molto studiata.

Differente sarà l'intensità e la durata dell'intervento e differenti saranno anche i risultati attesi, più netti e risolutivi quanto più lieve e semplice è l'alterazione nei Funzionamenti di fondo del bambino e quanto minori sono i fattori di rischio presenti nella sua famiglia. L'esperienza clinica ci dice che grande influenza sugli esiti ha la capacità dei genitori di mettersi in gioco nel percorso, costituendo uno dei Fattori di protezione più importanti.

Definizione dell'ADHD

Vediamo ora di approfondire la definizione dell'ADHD e i criteri diagnostici per tracciare una prima linea di demarcazione, per riconoscere chi sta sopra e chi sta sotto la linea dell'acqua.

L'acronimo ADHD sta per Attention Deficit Hyperactivity Disorder e definisce un quadro comportamentale caratterizzato da un modello persistente di disattenzione e/o iperattività-impulsività più frequente e grave di quanto si osserva tipicamente in soggetti ad un livello di sviluppo paragonabile (APA, 2000).

In italia viene chiamato anche Disturbo da Deficit dell'Attenzione ed Iperattività, DDAI.

Viene inquadrato nel DSM 5 come un disturbo evolutivo dell'autocontrollo, di origine neurobiologica, che interferisce con il normale sviluppo psicologico del bambino e ostacola in modo significativo lo svolgimento delle attività quotidiane .

Le cause del disturbo sono state oggetto di ricerca, sono state indagate le correlazioni tra alcune alterazioni genetiche e alcune alterazioni neuro anatomiche con la presenza della sindrome. Da queste ricerche sono emerse correlazioni significative con alterazioni a livello genetico e/o a livello neurobiologico.

I ricercatori hanno potuto così ipotizzare che l'ADHD origini da un difetto evolutivo dei circuiti cerebrali che stanno alla base dell'inibizione e dell'autocontrollo.

La maggior parte di essi sostiene che tale sindrome potrebbe essere un disturbo poligenico, ovvero derivante dagli effetti cumulativi di alterazioni in più geni.

Il focus è posto sul sistema dopaminergico, influenzato dai geni coinvolti.

Sono sempre i ricercatori a segnalare che le mutazioni a carico di questi geni, però, non sono state riscontrate in tutti i bambini con ADHD e che non tutti i bambini con ADHD possiedono questa alterazione genetica. I dati corroborano quindi l'ipotesi che, necessariamente, altri fattori, siano essi di natura genetica o ambientale, concorrano nel determinare l'insorgenza del disturbo (Bernarducci, 2015).

Questa evidenza scientifica attesta l'esistenza di fattori neurobiologici predisponenti, lasciando aperta tutta la questione sui fattori ambientali e relazionali all'origine dell'espressione del disturbo. Da un lato viene a rafforzarsi la consapevolezza di doverci porre nei confronti di questi bambini e di queste famiglie in un atteggiamento di particolare empatia e sostegno, riconoscendo l'oggettiva maggiore difficoltà di questi bambini e di questi genitori.

Acquisiamo anche il dato che alcuni bambini potrebbero manifestare difficoltà di attenzione e iperattività senza che vi siano patterns comportamentali particolarmente alterati da parte dei genitori.

I maggiori esperti della cura di bambini con ADHD segnalano con decisione che "questo disturbo non è imputabile ad una scorretta disciplina educativa e tanto meno è da considerarsi come un comportamento provocatorio da parte del bambino" (Marzocchi, 2003).

Essi ritengono che il deficit nell'autocontrollo produca una vera e propria incapacità ad utilizzare i "comandi interiori" per inibire le azioni inadeguate e selezionare e mantenere nel tempo le azioni considerate adeguate. Si parla di carenza del "dialogo interno" come risultanza del deficit neurobiologico.

Vedremo più avanti che, con l'ampliamento dei piani del Sé osservati dalla Psicologia Funzionale, la definizione dei meccanismi implicati nell'ADHD si amplia. Per spiegare la carenza di autoregolazione l'ottica Funzionale aggiunge alla "carenza di dialogo interno" anche altre alterazioni, su tutti i piani del Sé ; altri livelli quindi   su cui si può intervenire per migliorare l'autoregolazione.

Guarderemo alla diagnosi attraverso le alterazioni dei Sistemi integrati dell'organismo e dal punto di vista evolutivo vedremo le Esperienze di base del Sé che, se alterate nel corso dello sviluppo, sostengono l'espressione dell'ADHD.

Esistono, inoltre, precisi fattori di protezione che possiamo mettere in relazione con precise Esperienze di Base del Sé; fattori da incoraggiare nello stile educativo dei genitori perché possano migliorare il funzionamento dei bambini con queste difficoltà.

Ne parleremo approfonditamente più avanti.

Criteri diagnostici per l'ADHD e diagnosi

Ritornando alla definizione dei criteri diagnostici necessari per porre una diagnosi di ADHD riportiamo di seguito uno stralcio del DSM-V con l'elenco dei sintomi e il metodo di classificazione.

I criteri diagnostici forniti dal DSM-V sono i seguenti:

A. Un pattern persistente di disattenzione e/o iperattività-impulsività che interferisce con il funzionamento o lo sviluppo, come caratterizzato da (1) e/o (2):

1. **Disattenzione:** Sei (o più) dei seguenti sintomi sono persistiti per almeno 6 mesi con un'intensità incompatibile con il livello di sviluppo e che ha un impatto negativo diretto sulle attività sociali e scolastiche/lavorative.

Nota: I sintomi non sono soltanto una manifestazione di comportamento oppositivo, sfida, ostilità o incapacità di comprendere i compiti o le istruzioni. Per gli adolescenti più grandi e per gli adulti (17 anni e oltre di età) sono richiesti almeno cinque sintomi.

a) Spesso non riesce a prestare attenzione ai particolari o commette errori di distrazione nei compiti scolastici, sul lavoro o in altre attività (per es., trascura o omette dettagli, il lavoro non è accurato).

b) Ha spesso difficoltà a mantenere l'attenzione sui compiti o sulle attività di gioco (per es., ha difficoltà a rimanere concentrato/a durante una lezione, una conversazione o una lunga lettura).

c) Spesso non sembra ascoltare quando gli/le si parla direttamente (per es., la mente sembra altrove, anche in assenza di distrazioni evidenti).

d) Spesso non segue le istruzioni e non porta a termine i compiti scolastici, le incombenze o i doveri sul posto di lavoro (per es., inizia i compiti ma perde rapidamente la concentrazione e viene distratto/a facilmente).

e) Ha spesso difficoltà a organizzarsi nei compiti e nelle attività (per es., difficoltà nel gestire i compiti sequenziali; difficoltà nel tenere in ordine materiali e oggetti; lavoro disordinato, disorganizzato; gestisce il tempo in modo inadeguato, non riesce a rispettare le scadenze).

f) Spesso evita, prova avversione o è riluttante a impegnarsi in compiti che richiedono sforzo mentale protratto (per es., compiti scolastici o compiti a casa; per gli adolescenti più grandi e gli adulti, stesura di relazioni, compilazione di moduli, revisione di documenti).

g) Perde spesso gli oggetti necessari per i compiti o le attività (per es., materiale scolastico, matite, libri, strumenti, portafogli, chiavi, documenti, occhiali, telefono cellulare).

h) Spesso è facilmente distratto/a da stimoli esterni (per gli adolescenti più grandi e per gli adulti, possono essere presenti pensieri incongrui).

i) E' spesso sbadato/a nelle attività quotidiane (per es., sbrigare le faccende; fare commissioni; per gli adolescenti più grandi e per gli adulti, ricordarsi di fare una telefonata; pagare le bollette ; prendere appuntamenti).

2. **Iperattività e Impulsività**: Sei (o più) dei seguenti sintomi persistono per almeno 6 mesi con un'intensità incompatibile con il livello di sviluppo e che ha un impatto negativo diretto sulle attività sociali e scolastiche/lavorative:

Nota: I sintomi non sono soltanto una manifestazione di comportamento oppositivo, sfida, ostilità o incapacità di comprendere i compiti o le istruzioni. Per gli adolescenti più grandi e per gli adulti (età di 17 anni e oltre) sono richiesti almeno cinque sintomi.

a) Spesso agita o batte mani e piedi o si dimena sulla sedia.

b) Spesso lascia il proprio posto in situazioni in cui si dovrebbe rimanere seduti (per es., lascia il posto in classe, in ufficio o in un altro luogo di lavoro, o in altre situazioni che richiedono di rimanere al proprio posto).

c) Spesso scorrazza e salta in situazioni in cui farlo risulta inappropriato. (Nota: Negli adolescenti e negli adulti può essere limitato al sentirsi irrequieti).

d) E' spesso incapace di giocare o svolgere attività ricreative tranquillamente.

e) E' spesso "sotto pressione", agendo come se fosse "azionato/a da un motore" (per es., è incapace di rimanere fermo/a, o si sente a disagio nel farlo, per un periodo di tempo prolungato, come nei ristoranti, durante le riunioni; può essere descritto/a dagli altri come una persona irrequieta o con cui è difficile avere a che fare).

f) Spesso parla troppo.

g) Spesso "spara" una risposta prima che la domanda sia stata completata (per es., completa le frasi dette da altre persone; non riesce ad attendere il proprio turno nella conversazione).

h) Ha spesso difficoltà nell'aspettare il proprio turno (per es., mentre aspetta in fila).

i) Spesso interrompe gli altri o è invadente nei loro confronti (per es., interrompe le conversazioni, giochi o attività; può iniziare ad utilizzare le cose degli altri senza chiedere o ricevere il permesso; adolescenti e adulti possono inserirsi o subentrare in ciò che fanno gli altri).

B. Diversi sintomi di disattenzione o iperattività-impulsività erano presenti prima dei 12 anni.

C. Diversi sintomi di disattenzione o iperattività-impulsività si presentano in due o più contesti (per es., a casa, a scuola o al lavoro; con amici o parenti; in altre attività).

D. Vi è una chiara evidenza che i sintomi interagiscono con, o riducono, la qualità del funzionamento sociale, scolastico o lavorativo.

E. I sintomi non si presentano esclusivamente durante il decorso di schizofrenia o di un altro disturbo psicotico e non sono meglio spiegati da un altro disturbo mentale (per es., disturbo dell'umore, disturbo d'ansia, disturbo dissociativo, disturbo di personalità, intossicazione o astinenza da sostanze).

Specificare quale:

314.01 (F90.2) Manifestazione combinata: Se il Criterio A1 (disattenzione) e il Criterio A2 (iperattività impulsività) sono soddisfatti entrambi negli ultimi 6 mesi.

314.00 (F90.0) Manifestazione con disattenzione predominante: Se il Criterio A1 (disattenzione) è soddisfatto ma il Criterio A2 (iperattività-impulsività) non è soddisfatto negli ultimi 6 mesi.

314.01 (F90.1) Manifestazione con iperattività/impulsività predominante: Se il Criterio A2 (iperattività-impulsività) è soddisfatto e il Criterio A1 (disattenzione) non è soddisfatto negli ultimi 6 mesi.

Specificare se:

In remissione parziale: Quando tutti i criteri sono stati precedentemente soddisfatti, non tutti i criteri sono stati soddisfatti negli ultimi 6 mesi e i sintomi ancora causano compromissione del funzionamento sociale, scolastico o lavorativo.

Specificare la gravità attuale:

Lieve: Sono presenti pochi, ove esistenti, sintomi oltre a quelli richiesti per porre la diagnosi, e i sintomi comportano solo compromissioni minori del funzionamento sociale o lavorativo.

Moderata: Sono presenti sintomi o compromissione funzionale compresi tra "lievi" e "gravi".

Grave: Sono presenti molti sintomi oltre a quelli richiesti per porre la diagnosi, o diversi sintomi che sono particolarmente gravi, o i sintomi comportano una marcata compromissione del funzionamento sociale o lavorativo (APA, 2013, pp.68-70).

Solo i soggetti che soddisfano i criteri del DSM rientrano nel gruppo dei bambini "classificabili" come sofferenti di ADHD.

La valutazione dell'effettiva soddisfazione dei criteri richiede la somministrazione di test cognitivi al bambino e la rilevazione dei comportamenti nei contesti familiare e scolastico attraverso questionari somministrati a genitori e insegnanti.

La batteria di test più completa e aggiornata per il nostro paese è la BIA (Batteria Italiana per l'ADHD) di Marzocchi, Re e Cornoldi. La batteria, messa a punto nel 2010, comprende questionari di osservazione del comportamento dei bambini a casa e a scuola, test per la valutazione dell'attenzione sostenuta visiva e uditiva, test per la valutazione del comportamento impulsivo e dei processi di controllo e un test per la valutazione delle strategie di memoria.

La rilevazione e misurazione dei sintomi, finalizzata a porre una diagnosi di ADHD, va solitamente fatta dai Sevizi di Neuropsichiatria infantile; essa dà accesso alla certificazione scolastica ed all'avvio di un sostegno scolastico.

E' fondamentale ricordare che, ai fini della presa in carico psicoterapeutica e della consulenza ai genitori, è necessario completare la diagnosi facendo un bilancio complessivo del bambino secondo i costrutti teorici del modello di riferimento del clinico.

Questo passaggio è fondamentale per prendere in carico il bambino e non solo l'ADHD.

Lo psicoterapeuta Funzionale deve quindi completare il bilancio diagnostico valutando i Funzionamenti di Fondo del Sé nella loro interezza, non limitandosi all'area cognitiva.

Va compreso cosa, nella storia e nel contesto attuale del bambino, origina o sostiene questa sintomatologia, e va compreso di cosa ha bisogno il bambino per trovare un miglior equilibrio ed una migliore integrazione del Sé.

E' quindi evidente che entrambi i livelli diagnostici sono preziosi: l'assessment sintomatologico ad appannaggio della Neuropsichiatria ed il Bilancio

Diagnostico complessivo ad appannaggio dello psicoterapeuta.

Incidenza ed evoluzione del disturbo

Secondo il DSM-V l'ADHD è presente nella maggior parte delle culture in circa il 5% della popolazione in età evolutiva; con un rapporto maschi/femmine 2:1

L'ADHD è spesso identificato solo in età scolare, quando porta a problemi negli apprendimenti e nella condotta per l'aumento delle richieste ambientali.

Più del 50% dei bambini con diagnosi di ADHD presentano altri disturbi, rivelando quindi un quadro diagnostico più articolato. Nel 30% dei casi si rilevano Disturbi Specifici dell'apprendimento (DSA: Dislessia, Discalculia o Disortografia). Nell'altro 20% si riscontra o un Disturbo Oppositivo Provocatorio (DOP) o un Disturbo della condotta o, ancora, un Disturbo d'ansia o Depressione (Marzocchi 2003).

Le ricerche attestano che la sua storia naturale è caratterizzata da persistenza fino all'adolescenza in circa due terzi dei casi e fino all'età adulta in circa un terzo dei casi. Dove anche la diagnosi non persistesse spesso rimangono strascichi significativi di problemi di adattamento sociale.

Gli elementi che più favoriscono una prognosi negativa dell'ADHD sono:

1. comorbilità con altri disturbi,

2. l'influenza negativa del contesto familiare e sociale del bambino,

3. la persistenza stessa dei sintomi dell'ADHD: maggiormente perdurano gli effetti del disturbo, più profondo è il loro influsso sullo sviluppo psico-emotivo (Gullotta, 2010).

La prognosi viene modificata in senso migliorativo se si lavora sul contesto familiare e sociale; tra i fattori di protezione troveremo infatti l'attivazione di interventi terapeutici e di consulenza.

Storia del Costrutto Diagnostico dell'ADHD

La prima documentazione su quadri psicopatologici simili a ciò che oggi chiamiamo ADHD risale al 1902, anno in cui un medico inglese, G. F. Still, pubblicò su Lancet qualche osservazione su un gruppo di bambini che presentavano "un deficit nel controllo morale... ed una eccessiva vivacità e distruttività" (Still, 1902).

All'inizio del secolo scorso i comportamenti distruttivi, iperattivi e impulsivi associati a disattenzione erano ancora attribuiti ad un carente sviluppo del controllo morale.

Diversi autori negli anni Venti notarono che queste manifestazioni comportamentali erano legate ad una precedente "encefalite... legata ad una forte influenza". Negli anni Trenta le ricerche arrivarono alla conclusione che i sintomi dell'iperattività e della disattenzione erano legati tra di loro in modo piuttosto variabile a seconda dei casi. La spiegazione più ovvia fu la presenza di un Danno Cerebrale Minimo (Levin, 1938), sebbene non venne riconosciuta alcuna lesione specifica.

Nel DSM-I (Manuale Diagnostico e Statistico dei Disturbi Mentali) pubblicato dall'Associazione degli Psichiatri Americani nel 1952 il disturbo non fu nemmeno accennato. Solo nella seconda edizione del manuale (DSM-II) (APA, 1968) compare l'etichetta diagnostica "Reazione Ipercinetica del Bambino". La scelta di questo termine enfatizzava l'importanza dell'aspetto motorio a scapito di quello cognitivo. Tuttavia anche nel DSM-II non venivano ancora specificati i criteri per poter formulare una diagnosi, anche perché i primi DSM erano manuali descrittivi più che nosografici.

Il DSM-III (APA, 1980) rappresentò una vera e propria rivoluzione nella procedura clinica-diagnostica in quanto prevedeva un sistema di valutazione multi-assiale con specifici criteri diagnostici per ogni disturbo; esso inoltre includeva un sistema diagnostico orientato in senso evolutivo, strutturato specificatamente per i disturbi dell'infanzia. Nel DSM-III compare il "Disturbo da Deficit dell'Attenzione" (DDA). Rispetto all'etichetta diagnostica precedente, quest'ultima presupponeva un mutamento nella lettura della sindrome a vantaggio degli aspetti cognitivi rispetto a quelli comportamentali.

Nel DSM-III venivano descritti due sottotipi di DDA: con o senza Iperattività. I sintomi previsti erano 16, suddivisi in tre categorie: disattenzione (5 sintomi), impulsività (6 sintomi) e iperattività (5 sintomi). Secondo tali criteri, il bambino, per essere diagnosticato con DDA, doveva presentare almeno tre sintomi di disattenzione e tre di impulsività; mentre se al DDA si associava l'Iperattività allora dovevano essere presenti almeno altri 2 sintomi.

Nel 1987 fu pubblicato il DSM-III-R, il quale rappresentò forse un arretramento rispetto alla precedente edizione in quanto furono eliminati i sottotipi e fu introdotta l'attuale etichetta Disturbo da Deficit di Attenzione/Iperattività (DDAI). Furono rimosse le tre categorie di sintomi a favore di un'unica lista di 14 comportamenti in cui disattenzione, impulsività e iperattività erano considerati di pari importanza per poter formulare una diagnosi. In base al DSM-III-R era sufficiente che il bambino manifestasse almeno 8 sintomi in due contesti per almeno 6 mesi per ricevere una diagnosi.

La descrizione nosografica di questa categoria di disturbi del DSM-IV (1994) è di "Disturbo da deficit di Attenzione e Iperattività"; esso ha ripreso alcune tematiche del DSM-III, tra cui la suddivisione dei sintomi in disattenzione, iperattività e impulsività, e la possibilità di individuare i tre sottotipi (combinato, prevalentemente inattentivo o prevalentemente iperattivo/impulsivo).

Con il DSM-V (2013) si modificano i criteri diagnostici del Disturbo dell'attenzione e dell'iperattività (ADHD) in base all'età del bambino. Secondo il DSM-V per confermare la diagnosi il bambino deve presentare i sintomi prima dell'età di dodici anni e non più prima dei sette, come in precedenza. I motivi per i quali il criterio è stato modificato in tal senso dipendono dai nuovi dati emersi in sede di ricerca: i casi in cui i sintomi sono comparsi entro i 12 anni non mostrano alcuna differenza rispetto ai casi diagnosticati prima dei 7 anni, relativamente alla gravità o alla risposta al trattamento (APA, 2013). La conseguenza sarà (verosimilmente) un maggior numero di diagnosi. In precedenza, in assenza di una soddisfacente diagnosi alternativa, diventava infatti difficile capire cosa si dovesse diagnosticare a un bambino che avesse manifestato i sintomi ADHD solo a partire dagli 8 anni di età. L'ADHD è ora elencato nella nuova categoria dei "disturbi dello sviluppo neurologico".

Il DSM-V rileva che, sebbene i sintomi motori di iperattività diventano meno evidenti in adolescenza e nell'età adulta, le difficoltà persistono con irrequietezza, disattenzione, scarsa pianificazione e impulsività.

Il DSM-V riconosce, inoltre, che una parte consistente di bambini rimangono relativamente compromessi in età adulta; ciò si basa su circa dieci anni di ricerche che hanno dimostrato come l'ADHD nel

2,5% dei casi si possa protrarre in età adulta, nonostante insorga principalmente durante l'infanzia (APA, 2013).

Gli Studi evidenziano però grandi differenze tra i casi di ADHD trattati rispetto a quelli non trattati nella riduzione del rischio di evoluzioni pericolose e nel miglioramento della qualità di vita (Gagliardini, Conti, 2014).

Storia del costrutto diagnostico:
1902 G.F. Still "Deficit del controllo morale"
1938 Levin "Danno cerebrale minimo"
1952 DSM-I Non è presente alcun disturbo collegato a disattenzione e iperattività
1968 DSM-II "Reazione ipercinetica del bambino"
1980 DSM-III "Disturbo da deficit dell'Attenzione" Compaiono i disturbi evolutivi, di cui ADHD fa parte, e i criteri diagnostici.
1994 DSM-IV "Disturbo da deficit di Attenzione e Iperattività" vengono definiti 3 sottotipi
2013 DSM-V "Disturbo da deficit di Attenzione e iperattività" Classificato tra i "Disturbi del neurosviluppo"

ALTERAZIONI DEL SE' NEI BAMBINI DISATTENTI, IPERATTIVI E IMPULSIVI

La diagnosi in Psicoterapia Funzionale per l'età evolutiva viene posta valutando le alterazioni nelle Esperienze di base del Sé, ognuna delle quali determina la qualità di intere categorie di comportamenti.

I comportamenti citati nei criteri diagnostici per l'ADHD possono essere fatti risalire ad alterazioni di ben precise Esperienze di base del Sé (EBS) e, pertanto, possono essere alleviati o anche risolti, lavorando per il recupero di queste specifiche EBS.

Lo stesso tipo di correlazione va fatta tra EBS e i sintomi più sfumati di disattenzione e Iperattività/Impulsività.

Abbiamo visto nel capitolo introduttivo come le Esperienze di Base del Sé sono quelle che permettono l'istaurarsi di Funzionamenti di Fondo adeguati e, quindi, possiamo dire che i sintomi dell'ADHD prefigurano future alterazioni nei Funzionamenti di Fondo del Sé.

Anche per il Neo-Funzionalismo, quindi, la prognosi rimane infausta se non si prevedono interventi di cura.

Vediamo quindi quali sono i Funzionamenti di fondo alterati nell'ADHD e quali Esperienze di Base devono essere riequilibrate nella vita del bambino per permettere la ripresa di un sano sviluppo di quei Funzionamenti.

Cominciamo col dire che, dal punto di vista Neo-Funzionale, i disturbi che si esprimono come iperattività, disattenzione e impulsività sono correlati ad alterazioni di fondo che creano disequilibrio su tutti i piani del Sé. Non si pensa quindi solo ad una alterazione dei sistemi cognitivi, pur importantissimi, descritti dalla carenza di dialogo interno, ma si valutano tutti i Sistemi del Sé e la loro integrazione.

Nello specifico individuiamo, per la sintomatologia legata all'iperattività e all'impulsività, carenze nella capacità di stare nella calma. Questo significa che l' EBS della Calma è, in questi casi, difficile da esperire in modo adeguato.

Diversi piani dell'organismo sono in difficoltà a sintonizzarsi con l'Esperienza di Base della Calma, per cui nel bambino iperattivo non saranno solo i movimenti ad essere alterati (bambini sempre in movimento) ma anche il sistema neurovegetativo, i pensieri, le emozioni, ecc... saranno in difficoltà a funzionare in modo appropriato alla Calma.

Per quanto riguarda la difficoltà di attenzione sappiamo che nell'ADHD è alterata la capacità di orientare l'attenzione e anche quella di mantenerla nel tempo; abbiamo quindi bambini con difficoltà a tenere l'attenzione per tempi prolungati sul focus scelto o richiesto.

L'attenzione è collegata al Funzionamento di fondo del Controllo e si esprime compiutamente quando il soggetto è in grado di passare tra le due polarità di funzionamento: Controllo/Attenzione da un lato e Allentamento del controllo/ Perdita di controllo dall'altra.

Il bambino con disturbo d'attenzione non riesce a raggiungere né un buon Controllo (direzionare e mantenere l'attenzione) ma nemmeno il pieno Allentamento del controllo. Rimane poi tendenzialmente o su uno o sull'altro dei poli (sempre attivato e attento a mille cose oppure continuamente distratto) nella maggior parte del tempo. Abbiamo a che fare con una alterazione nell'ampiezza della gamma Controllo/Allentamento-Perdita del controllo, oltre che nella modularità (Rispoli 1996).

Il Funzionamento di fondo del Controllo si esprime sul piano cognitivo con l'attenzione, ma anche attraverso il neurovegetativo (dalla leggera simpaticotonìa del controllo alla vagotonìa dell'allentamento), le emozioni (desiderio e motivazione da un lato e serenità dall'altro), i pensieri, il sistema di valori, ecc.

Vedremo come il riequilibrio delle capacità attentive, centrale nella cura dell'ADHD, richiede un intervento su tutti i piani dell'organismo, finalizzato al recupero della polarità tra i due estremi e non solo di uno di essi.

Nell'ADHD si ravvisa infatti anche una alterazione in uno o più sistemi fisiologici, nel sistema muscolare/posturale dei Movimenti e nei sistemi emotivi.

Nei Bambini che esprimono in diversa misura i sintomi di ADHD ritroveremo con elevata probabilità una o più di queste alterazioni:

- il neurovegetativo che funziona prevalentemente in simpaticotonìa, quando vi è iperattività o ipercontrollo

- la respirazione tendenzialmente toracica che sostiene un atteggiamento di allerta

- i neurotrasmettitori alterati come nello stress (Rispoli 2012)

- il SNC che, di conseguenza, processa le informazioni solo parzialmente essendo cortocircuitato a tratti per l'attivarsi dei nuclei della base, come nelle situazioni di allarme.

- il sistema muscolare e posturale iperattivato con movimenti eccessivi e veloci nell'iperattività

- l'emotivo alterato in vario modo a seconda della storia del bambino, ma con prevalenza di emozioni di paura e/o di rabbia eccessive a scapito delle emozioni di serenità.

Le Esperienze di Base del Sé Alterate e/o Carenti in caso di Disattenzione e Iperattivita'/Impulsivita'

Le Esperienze di base del Sé correlate specificamente ai sintomi e ai criteri del DSM per l'ADHD sono:

➤ Controllo (Concentrarsi-Attenzione, Allentamento del Controllo, Perdita del Controllo, Attenzione morbida)

➤ Calma, Stare

Esperienze di Base del Sé frequentemente alterate quando si manifesta ADHD e che sono da considerarsi, qualora alterate, fattori di rischio o con-cause:

➤ Essere Tenuti (contenuti e fermati)

➤ Essere Portati (guidati)

➢ Lasciare (Lasciare, Fidarsi, Abbandonarsi all'altro)

➢ Essere Visti e Considerati

Anche altre EBS possono essere correlate al disturbo ADHD e classificate nella categoria di con-cause, ma presenti in misura minore; vediamole di seguito:

➢ Sensazioni (sentirsi, percepire l'altro)

➢ Benessere (armonia, interezza, vagotonìa)

➢ Contatto (vicinanza, fusione, empatia)

➢ Tenerezza (cedere, tollerare e fragilità)

➢ Condivisione e Alleanza

➢ Continuità positiva

➢ Consistenza

Come possiamo vedere dalla lunghezza dell'elenco precedente è evidente che le EBS alterate possono essere molto differenti da un bambino all'altro e, di conseguenza, molto differenti saranno le linee per la terapia di questa sindrome che solo apparentemente è univoca.

Accanto alle alterazioni delle EBS del Controllo e della Calma, presenti in tutti i bambini ADHD, abbiamo quindi da valutare quali tra le Esperienze di Base di cui sopra stanno evolvendo in modo poco adeguato, per definire quindi un percorso terapeutico personalizzato.

Le Esperienze di Base del Sé alterate nell'ADHD sembrano essere soprattutto quelle che concorrono alla costituzione della sensazione di fondo di essere capiti e accettati ma anche tenuti e guidati.

Particolarmente importante sembra essere l'equilibrio tra l'autorevolezza e la tenerezza degli adulti di riferimento.

INTERVENTO FUNZIONALE: PROGETTO TERAPEUTICO CON I BAMBINI E CON I GENITORI

Come abbiamo visto le Esperienze di base del Sé correlate ai sintomi ADHD sono:

- Controllo   (Concentrarsi-Attenzione, Allentamento del Controllo, Perdita del Controllo, Attenzione morbida)

- Calma, Stare

L'intervento Funzionale prevede quindi necessariamente che il terapeuta lavori per il recupero di queste Esperienze di Base.

Quando una Esperienze di Base risulta alterata nella storia e nel vissuto attuale del bambino, non è sufficiente che il terapeuta riproponga le condizioni ambientali e relazionali di quella Esperienza. Nel caso dell'EBS della Calma non è sufficiente fornire al bambino un ambiente sereno e calmo, una musica di sottofondo tranquillizzante e l'assenza di stimoli attivanti. La terapia richiede che vengano mobilizzate e sciolte le alterazioni del Sé che impediscono ormai cronicamente l'accesso a quella EBS. Questo lo si realizza attraverso tecniche diversificate che toccano tutti i piani del Sé, a partire da quelli meno alterati a quelli più alterati, e che, progressivamente, permettono di integrare i sistemi tra loro. Il processo terapeutico prevede che si proponga l'Esperienza di base del Sé con tecniche che guidano con precisione ogni aspetto del Sé, attraverso direttività e "Sé ausiliario" del terapeuta, nella direzione giusta per accedere all'esperienza con pienezza.

Per aiutare il bambino ad accedere all'EBS della Calma quando questa è molto alterata, e quindi difficile da esperire nella sua pienezza, è necessario far attraversare prima l'esperienza al polo opposto, la Vitalità, così da forzare la ricerca dell'organismo di momenti di recupero attraverso un allentamento, un lasciare e quindi Funzionamenti che introducono all'EBS della Calma.

Nei disturbi di attenzione ritroviamo in alcuni casi bambini che non sanno stare attenti rimanendo però capaci di Allentare il Controllo. In questo caso dovremmo aspettarci soggetti costantemente in pieno Allentamento del controllo (rilassamento e testa tra le nuvole), bloccati ad una polarità e incapaci di accedere al Controllo/Attenzione.

Molto più spesso troviamo soggetti ADHD con un elevato Controllo, ma nei quali il Controllo è su aspetti della realtà che non sono quelli richiesti. Sono Bambini in cui l'Attenzione, quindi, c'è ma non è direzionata volontariamente, e che si sposta continuamente su diversi focus.

E' frequente nella relazione con bambini con disturbi di attenzione renderci conto che essi stanno rilevando con precisione aspetti multipli della realtà circostante, anche se non quelli che il compito richiederebbe!

Abbiamo a che fare con soggetti che hanno perso la modularità della gamma Controllo-Allentamento, per cui stanno per lo più nel controllo troppo intenso e rigido e non riescono ad accedere all'allentamento del controllo. La teoria e la clinica ci dicono che l'alternanza tra i due poli è necessaria per un buon Funzionamento dei sistemi attentivi.

In entrambi i casi è necessario ripristinare la capacità di modulare il Controllo nel continuum tra un polo e l'altro.

Lavorare sulla polarità del controllo operativamente significa proporre tecniche, giochi e interazioni che sostengano la Perdita di controllo e poi tecniche, giochi, interazioni che sostengano l'Attenzione morbida. Per completare il lavoro sulla polarità vanno quindi proposte tecniche, giochi, interazioni che supportino l'Allentamento del controllo.

Il recupero della piena capacità attentiva avviene più facilmente in un secondo passaggio, con un lavoro di sostegno e rafforzamento dell'EBS Controllo (Concentrarsi, Attenzione).

La terapia Funzionale prevede che siano coinvolti i diversi sistemi del Sé: infatti il lavoro proposto non è solo sugli aspetti cognitivi dell'attenzione e del controllo ma su tutti i correlati dell'organismo. Va ripristinata la capacità dell'organismo di accedere alla configurazione Funzionale del Sé caratteristica delle Esperienze di Base del Controllo, dell'Attenzione morbida e dell'Allentamento del Controllo e la capacità di passare dall'una all'altra a seconda delle esigenze ambientali, nel qui ed ora.

Per poter accompagnare i bambini all'interno di questa sequenza di lavoro (sequenza da proporre più volte nel corso del percorso terapeutico) è necessario però che il terapeuta fornisca contemporaneamente, o in breve alternanza, anche altre Esperienze di base del Sé, senza le quali i bambini con ADHD non riuscirebbero ad accedere ad un buon funzionamento nelle EBS su cui si esprimono la maggior parte dei sintomi ADHD.

Per ogni bambino va quindi previsto un recupero delle Esperienze di Base del Sé che dal bilancio diagnostico sono risultate alterate, individuate tra quelle che sono da considerarsi fattori di rischio o con-cause.

Il progetto terapeutico può comprendere quindi riequilibrio dell'Essere Tenuti (contenuti e fermati), dell'Essere Portati (guidati), del Lasciare (lasciare, Fidarsi, Abbandonarsi all'altro), dell'Essere Visti e Considerati, delle Sensazioni (sentirsi, percepire l'altro), del Benessere (armonia, interezza, vagotonia), del Contatto (vicinanza, fusione, empatia), della Tenerezza (cedere, tollerare e fragilità), della Condivisione e Alleanza, della Continuità positiva e della Consistenza.

Il bilancio diagnostico del Bambino ADHD deve prevedere l'approfondimento di come sono alterate le EBS del Controllo e della Calma e poi deve prevedere la valutazione di quali altre EBS presentano delle alterazioni tali da spiegare la sintomatologia ADHD.

Sappiamo dalla ricerca che esiste una predisposizione di alcuni bambini all'ADHD; possiamo trovarci, quindi, ad avere a che fare con situazioni educative-relazionali non eccessivamente o per niente alterate a fronte di una sintomatologia anche importante.

In questi casi il riequilibrio passa attraverso un sostenere e rafforzare alcune Esperienze di Base e alcuni atteggiamenti genitoriali già abbastanza buoni ma che per quel bambino richiedono maggior ridondanza e consistenza proprio per la sua particolare predisposizione neurobiologica.

Anche in questi casi, quindi, l'intervento sulle Esperienze di Base, con i genitori, con i bambini e con la scuola, rimane fondamentale per intervenire efficacemente sui sintomi di ADHD e sul malessere di fondo ad essi correlato.

Vediamo come la letteratura scientifica riconosce l'importanza anche di fattori non neurobiologici, ma relazionali, nella manifestazione dell'ADHD.

Fattori di rischio e di protezione ed Esperienze di Base del Sé

La teoria più accreditata individua una pluralità di fattori, sia di natura neurobiologica che genetica che ambientale nel determinare l'insorgenza del disturbo.

I fattori genetici e neurobiologici non sono però necessari né sufficienti a generare il disturbo, ma costituiscono fattori predisponenti.

Grande importanza acquistano quindi i fattori di rischio e di protezione, quelli correlati allo stile educativo, all'ambiente familiare e ad altre caratteristiche del Sé del bambino, che determinano l'emergere o meno del disturbo.

Di seguito elenchiamo i Fattori di rischio indicati in letteratura:

- Altri familiari con diagnosi di ADHD
- Co-morbilità con altri disturbi psicologici
- Basso livello cognitivo
- Famiglia disorganizzata
- Stile educativo caratterizzato da regole non chiare o assenza di regole
- Quando il problema del bambino non è compreso da famiglia e insegnanti
- Quando famiglia e insegnanti non accettano delle caratteristiche del bambino

Di seguito elenchiamo i Fattori di protezione indicati in letteratura:

- Buon livello cognitivo del bambino

- Quando vi è comprensione del problema in famiglia e a scuola

- Quando vi è accettazione delle caratteristiche del bambino

- Stile educativo caratterizzato da regole chiare, comprese e condivise

- Quando gli adulti di riferimento sono riflessivi e sanno aspettare

- Quando gli adulti di riferimento danno valore all'accuratezza più che alla velocità

- Quando genitori e insegnanti usufruiscono di supporto specialistico, e decidono di farsi aiutare

L'esistenza di chiare correlazioni tra i fattori di rischio e la manifestazione e persistenza del disturbo ci induce a riconoscere l'importante elemento terapeutico della consulenza ai genitori e agli insegnanti.

La categoria diagnostica dell'ADHD inserita tra i disturbi neurobiologici, con la scoperta di fattori organici predisponenti, ci induce a dare valore ai fattori costituzionali, indipendenti dallo stile educativo, e quindi ci permette di stare dalla parte dei genitori e di comprendere la reale fatica legata al dover accudire e educare i bambini costituzionalmente troppo attivi, impulsivi e disattenti. L'esistenza di riscontri sui fattori di protezione tuttavia sottolinea e dà valore alle costituenti relazionali all'origine, o quantomeno a sostegno, del disturbo, sia nei bambini con ADHD che in quelli con sintomi più sfumati.

I fattori di protezione ci forniscono chiare indicazioni per l'intervento di consulenza agli adulti di riferimento, così che l'ambiente quotidiano possa sostenere il riequilibrio dei sintomi e delle alterazioni del Sé trattati nella terapia al bambino.

Per un certo numero di bambini disattenti e iperattivi/impulsivi è poi possibile che la sintomatologia sia correlata quasi esclusivamente a fattori relazionali. In questi casi la terapia sulle EBS può diventare risolutiva.

Alcuni dei fattori di rischio e protezione sono chiaramente collegati ad una o più delle Esperienze di base di cui abbiamo parlato precedentemente, vediamo come:

Quando vi è comprensione del problema in famiglia e a scuola il bambino sperimenta ripetutamente l'EBS di Essere considerato e Guidato.

Quando vi è accettazione delle caratteristiche del bambino egli sperimenta l'EBS di Essere considerato e l'EBS di Essere Amato.

Lo stile educativo caratterizzato da regole chiare, comprese e condivise fa vivere al bambino l'EBS di Essere Tenuto e Guidato.

Quando gli adulti di riferimento sono riflessivi e sanno aspettare realizzano un ambiente in cui il bambino vive l'EBS della Calma.

Quando gli adulti di riferimento danno valore all'accuratezza più che alla velocità sostengono con l'esempio e l'educazione l'EBS del Controllo, valorizzando e sostenendo la capacità di concentrarsi e l'attenzione, e poi l' EBS della Calma, in cui viene data positività e viene sostenuto il saper aspettare.

Quando genitori e insegnanti usufruiscono di supporto specialistico, e decidono di farsi aiutare mostrano al bambino, e quindi sanno anche trasmettere, l'EBS dell'Alleanza (sentire l'altro dalla propria parte) e l'EBS dell'Affidarsi. Il supporto specialistico psicologico guida poi concretamente gli adulti (se ben fatto) a percepire, comprendere e rispondere adeguatamente ai bisogni del bambino.

Modalità Terapeutiche e Progetto Terapeutico

Il processo terapeutico prevede una progressione attraverso differenti obiettivi terapeutici, secondo una gradualità che permette di attraversare la fase di accoglienza, poi quella del riequilibrio delle Esperienze di base del Sé più alterate, ed infine una fase di ricostruzione e recupero delle risorse più attive.

Il progetto terapeutico è differente per ogni paziente alla luce della sua specifica storia di vita e specifiche alterazioni del Sé, anche se, a scopo didattico, possiamo definire una traccia di possibile progetto terapeutico dedicato a pazienti che presentano tratti comuni.

Abbiamo individuato a livello teorico generale (in diversi momenti di confronto scientifico con altri terapeuti Funzionali) le EBS in cui ci aspettiamo di trovare un'alterazione nei bambini che manifestano il disagio con le modalità dell'ADHD.

La psicoterapia Funzionale in età evolutiva può essere individuale o in gruppo, ed è sempre affiancata da una consulenza continuativa ai genitori.

Di seguito, un esempio di progetto terapeutico per un gruppo di bambini con ADHD misto Iperattivo/disattentivo:

1°fase:

Far sperimentare ai bambini l'essere accolto con tolleranza rispetto alle sue modalità alterate, ma con costante attenzione a fornire l'EBS Essere Preso e Essere Fermato

Far sperimentare l'EBS Alleanza e l'EBS Essere Considerato

Permettere l'EBS Perdita di Controllo cominciando ad imbrigliarla all'interno di momenti/gioco che ne siano contenitore

Sperimentare attraverso il gioco la polarità tra la Vitalità e la Calma

Far sperimentare l'EBS Aggressione Affettuosa per modulare una possibile tendenza all'aggressività, aprirla se chiusa e ammorbidirla se troppo irruenta.

Fase 2°

Far sperimentare in modo intenso l'EBS Perdita di Controllo attraverso piccole/grandi esplosioni motorie, vocali, emozionali; sempre in una cornice di gioco che permetta al terapeuta di contenere le esplosioni subito dopo.

Far sperimentare poi l'EBS Allentamento del Controllo.

Far esplorare le Sensazioni per guidare il bambino a sentirsi e a riconoscere le sensazioni

Far sperimentare la Forza Originaria

Far sperimentare l'EBS Lasciare

Far sperimenta l'EBS di Essere Tenuto e l'EBS di Abbandonarsi all'altro

Fase 3°

Far sperimentare l'EBS Stare- Calma

Far sperimentare l'EBS Continuità positiva

Far sperimentare l'EBS del Contatto (fusione, empatia)

Far sperimentare l'EBS del Benessere

Fase 4°

Far sperimentare l'EBS Controllo/Attenzione in una cornice giocosa di competizione

Far sperimentare le EBS Autoaffermazione (progettualità)

Consolidare le EBS delle fasi precedenti

Durante tutto il percorso terapeutico si lavora sull'EBS di Essere Portati.

All'interno del gruppo, costituito generalmente da 5/6 bambini, i terapeuti seguono ogni bambino con uno stile relazionale dettato dal bilancio diagnostico di quel bambino.

Come si può vedere, vi è una sequenzialità che va dall'accoglienza dei disfunzionamenti sul piano dell'iperattività e della disattenzione ad un graduale addentrarci in un lavoro di riequilibrio di EBS meno collegate al sintomo ma più a bisogni affettivi profondi (essere capiti, contatto, tenerezza, continuità positiva).

Si procede quindi al recupero dei Funzionamenti di fondo connessi alla Calma insieme alle Esperienze di tipo più ricettivo, e solo successivamente si accompagna il bambino ad un lavoro di consolidamento, solo ora, delle capacità di attenzione.

Il progetto terapeutico in età evolutiva procede con minore sequenzialità rispetto al percorso con gli adulti, quindi le EBS individuate nelle tre fasi sono significativamente oggetto di intervento contemporaneamente in quella fase.

Intervento con i Genitori: il Parent Training della Psicologia Funzionale

Il lavoro con i genitori è finalizzato a far conoscere e riconoscere le EBS, e poi ad aiutarli a saper fornire al bambino le EBS in modo adeguato.

Ovviamente si supportano nel recupero della capacità di riconoscere e fornire le EBS che, al momento della diagnosi, risultano alterate e per questo alimentano disattenzione e iperattività nei comportamenti del figlio.

Obiettivi dell'intervento Funzionale con i Genitori:

✓ Conoscere le EBS connesse alle problematiche del figlio e le loro alterazioni.

✓ Leggere i comportamenti del bambino in termini di EBS e a comprenderne i bisogni sottostanti.

✓ Essere in grado di fornire al bambino le EBS:

✓ Essere Tenuti - Contenuti - Guidati

✓ Essere Considerati

✓ Calma - Stare

✓ Continuità - Aspettative positive

✓ Contatto

✓ Controllo - Allentamento del Controllo - Attenzione morbida - Perdita del Controllo.

La consulenza ai genitori deve strutturarsi come un accompagnamento strutturato e costante, che guidi passo passo nella ristrutturazione delle modalità relazionali collegate alle EBS in questione.

La presa in carico prevede sia sedute di consulenza con la coppia genitoriale che sedute di terapia congiunta genitori/figlio, per far sperimentare nel concreto come attivare determinate Esperienze di Base del Sé.

Per esempio una seduta congiunta genitori/figlio può prevedere un gioco in cui la triade viene invitata a portare a termine un compito adeguato all'età del bambino (disegno, costruzione di una tana, organizzazione di un viaggio) in collaborazione. I genitori vengono guidati ad assumere il ruolo di guida concreta e il bambino ad affidarsi (EBS Essere guidato ed EBS Affidarsi). Oppure i genitori possono essere guidati a percepire, riconoscere e valorizzare le risorse che il bambino mette in campo (EBS Considerati).

Negli incontri con soltanto i genitori grande importanza ha la spiegazione delle alterazioni connesse all'ADHD e delle modalità per aiutare il bambino a "funzionare" in modo più adeguato. Vengono quindi dati consigli concreti ai genitori e si valutano insieme le strategie più appropriate alla specifica situazione familiare; tenendo conto di tempi, ambiente, risorse personali e risorse di rete.

Vanno previsti incontri a cedenza quindicinale nelle prime fasi e poi mensili per verificare in itinere se le strategie concordate risultano realizzabili ed efficaci. Nel lavorare sul report di come sono andate le cose si possono rivedere le strategie, modificandole alla luce di quanto accaduto, oppure si possono proporre tecniche esperienziali con i genitori per rafforzare alcuni loro Funzionamenti di fondo correlati a quanto riportato.

Il sostegno genitoriale Funzionale è sempre anche esperienziale, vengono cioè proposte tecniche Funzionali compatibili con il setting della "consulenza genitoriale", finalizzati a sperimentare le Esperienze di Base del Sé di cui si parla. Parte del lavoro è quindi finalizzato a far sperimentare l'EBS che si deve far recuperare al bambino e parte del lavoro è finalizzato a far sperimentare le EBS che rafforzano le risorse genitoriali necessarie a Tenere, Guidare, dare Contatto e Continuità, ecc

Di seguito alcuni obiettivi operativi nel lavoro con i genitori.

Far sperimentare alcune EBS alterate nell'ADHD:

Far sperimentare polarità Controllo/ Perdita di Controllo

Far sperimentare Allentamento del Controllo

Far sperimentare l'Affidarsi

Far sperimentare polarità Vitalità/Stare

Far sperimentare e rafforzare le EBS particolarmente importanti nel genitore di bambini ADHD:

EBS Forza Calma

EBS Calma, Pazienza

EBS Percepire l'altro (il figlio)

EBS Condivisione, Alleanza (con il figlio ma anche con il co-genitore e con gli insegnanti)

EBS Contatto Attivo (portare dalla propria parte e per es. massaggio)

Ai genitori possono essere proposti gruppi di Training Funzionale in cui si affrontano le tematiche delle alterazioni dell'ADHD e delle modalità per aiutare i propri figli a recuperare buoni funzionamenti. In gruppo vengono presentate le EBS tipicamente alterate nel disturbo e i fattori di protezione. Vengono date indicazioni, e proposte attività esperienziali di gruppo per rafforzare i Funzionamenti di Fondo connessi ai fattori di protezione.

I gruppi hanno cadenza quindicinale e si richiede una frequenza continuativa; è opportuno stabilire la durata, proponendo un ciclo di 8/10 incontri. Utili nel gruppo i momenti di condivisione in cui il conduttore ha il compito di evidenziare le modalità efficaci raccontate dai partecipanti e di dare indicazioni per migliorare quelle che ancora non sono adeguate. Vanno sostenute le risorse di ogni partecipante e viene sostenuta la consapevolezza del proprio stile educativo e relazionale, dell'efficacia o meno delle modalità. Vanno date indicazioni e guida per la modifica degli atteggiamenti che possono essere migliorati.

IL TEACHER TRAINING DELLA PSICOLOGIA FUNZIONALE

Consulenza e Formazione Funzionale agli insegnati per la presa in carico di alunni con ADHD

Il lavoro con gli insegnati è finalizzato a far conoscere e riconoscere le EBS, e poi ad aiutarli a saper fornire al bambino le EBS cruciali per l'ADHD e per l'apprendimento in modo adeguato.

La formazione può essere svolta con gruppi di insegnati anche di scuole differenti e prevede l'acquisizione di conoscenze in merito all'ADHD ed alle Esperienze di Base del Sé. La formazione teorico esperienziale permette di comprendere concretamente le specifiche EBS. Il percorso formativo non è necessariamente lungo, possono bastare due moduli di approfondimento dei concetti di base ed uno esperienziale.

Il percorso formativo va integrato con una consulenza continuativa per gli insegnanti che hanno in classe bambini con diagnosi di ADHD.

La consulenza è bene venga svolta con insegnati dello stesso ordine o, meglio ancora, dello stesso gruppo classe, per poter accompagnare nella costruzione di modalità adeguate ai bambini che hanno in carico.

Anche la consulenza agli insegnanti deve strutturarsi come un accompagnamento strutturato e costante, che guidi passo passo nella ristrutturazione delle modalità relazionali collegate alle EBS critiche nel bambino.

Gli insegnanti vanno supportati nel recupero della capacità di riconoscere e fornire le EBS alterate che maggiormente hanno a che fare con l'apprendimento.

Obiettivi dell'intervento funzionale con gli insegnanti:

- ✓ Conoscere le EBS e le loro alterazioni nell'ADHD (Formazione)
- ✓ Leggere i comportamenti del bambino in termini di EBS e comprenderne i bisogni sottostanti. (Consulenza)
- ✓ Essere in grado di fornire al bambino le EBS:
- • Essere Tenuti - Contenuti - Guidati
- • Essere Considerati
- • Polarità Vitalità/Calma - Stare
- • Continuità - Aspettative positive
- • Controllo- Allentamento del Controllo – Attenzione morbida – Perdita del Controllo.

Anche la consulenza agli insegnanti deve configurarsi come un accompagnamento strutturato e costante, che guidi nella ristrutturazione delle modalità relazionali con il bambino ADHD per supportarlo negli apprendimenti e per sostenerlo nell'integrazione con il gruppo classe.

Il contesto scolastico non consente un'attenzione focalizzata sui singoli bambini, quindi la consulenza agli insegnati deve essere orientata a definire le modalità di gestione della classe e delle attività che permettano di far fronte ai bisogni particolari dei bambini con difficoltà di attenzione e iperattivi, nel contesto delle normali attività.

La strutturazione di un ambiente prevedibile e con poche distrazioni, la definizione di regole chiare, condivise e comprensibili e l'adozione di routine sono strategie che aiutano l'insegnante a fornire agli alunni l'Esperienza di Base di Essere tenuti e Contenuti, che, come abbiamo visto, spesso è alterata nell'ADHD.

Gli insegnanti vanno aiutati a saper mettere in campo una relazione pedagogica caratterizzata da frequenti riconoscimenti e valorizzazioni dei piccoli passi concretamente realizzati dal bambino. Quelle che nella cornice dell'approccio cognitivo-comportamentale sono le "strategie di rinforzo positivo sistematico" supportano, nell'ottica Funzionale, l'EBS di Essere Considerati e Valorizzati.

I momenti individuali dedicati al recupero delle EBS per l'apprendimento ed alle EBS carenti in quel particolare bambino, e la didattica modulata per adattarsi ai modi e ai tempi di attenzione dei bambini, forniscono al bambino le EBS di Essere Considerati e di Essere Guidati.

Le Pause strutturate per il movimento permettono di gestire in modo organizzato le difficoltà connesse all'iperattività, contenendo in una cornice definita dall'adulto il sintomo legato alla difficoltà di Stare.

I tempi strutturati dedicati alla gestione delle relazioni in classe, gestiti con le tecniche di mediazione del conflitto e con gli strumenti dell'ascolto attivo, permettono di guidare il gruppo classe nella gestione dei conflitti e di far sentire considerati e guidati sia i bambini con ADHD che il resto della classe. E' in questi momenti che possono essere di volta in volta chiarite ed esplicitate le regole condivise e che va supportata l'autostima dei bambini, ponendo attenzione a favorire la comprensione che i bisogni particolari di alcuni aiuta l'intero gruppo.

La consulenza agli insegnanti deve essere programmata con una cadenza almeno mensile nel primo semestre, preferibilmente con tutto il gruppo di insegnanti, e poi diluito a seconda dell'evolvere della situazione e l'acquisizione di autonomia nella gestione della situazione da parte degli insegnanti.

Va data la disponibilità per consulenze di "Emergenza" che permettano agli insegnanti di sentirsi supportati nei momenti critici.

Va costantemente valorizzata e sostenuta l'alleanza tra insegnanti e genitori affinché si possano favorire modalità condivise, che restituiscano al bambino coerenza e l'Esperienza di essere Tenuto efficacemente dalla rete di adulti.

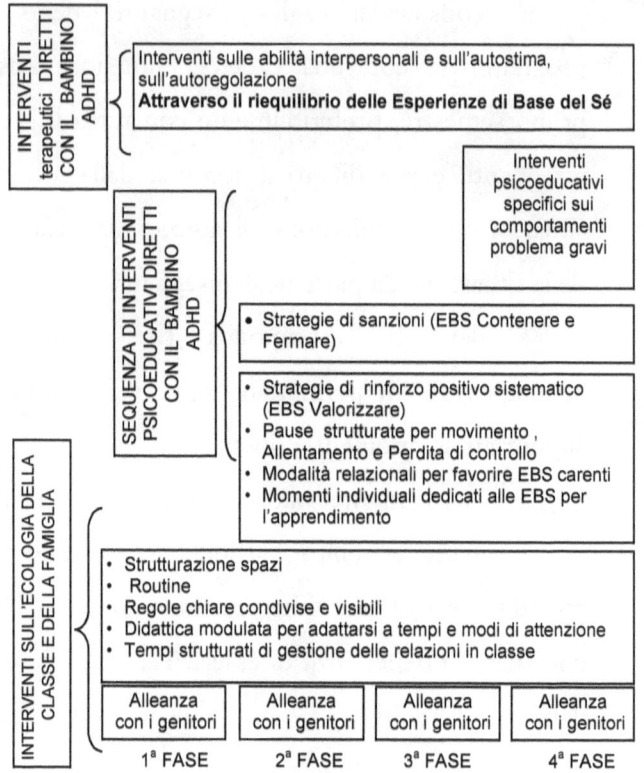

Linee Guida dell'intervento Funzionale con l'ADHD

Diagnosi, secondo il Modello Funzionale, completa su tutti i livelli del Sé e che approfondisca le EBS alterate (senza limitare l'analisi alle alterazioni cognitive connesse all'ADHD).

Promuovere negli adulti di riferimento la comprensione dei bisogni sottostanti alla sintomatologia e sostenere aspettative positive, collegate alla consapevolezza che, se affrontato, il disagio manifestato con l'ADHD può essere notevolmente ridotto e in alcuni casi anche risolto.

Per i bambini proporre laboratori di riequilibrio o psicoterapia individuale per il riequilibrio delle EBS alterate;

Presa in carico della coppia genitoriale per lavoro di consulenza e riequilibrio su EBS (sia per la comprensione del figlio sia per le loro alterazioni connesse ai bisogni del figlio).

Presa in carico degli insegnanti: lavoro formativo specifico sull'ADHD dal punto di vista Funzionale e consulenza continuativa.

Promuovere il lavoro in rete, in cui i diversi professionisti e le diverse istituzioni siano sostenute nel creare sinergie preziose e un contesto coerente.

L'INTERVENTO FUNZIONALE IN CASO DI BES E DSA

Elio Vezza

Come abbiamo visto fin qui per un sano sviluppo del bambino, dell'adolescente e della Persona che sarà domani, è fondamentale un'armonica interazione con l'ambiente e gli adulti di riferimento.

Abbiamo anche visto che vi sono Bisogni fondamentali (essere tenuto, nutrito, sentire il calore ma anche muoversi, esprimersi, espandersi) che vanno soddisfatti in maniera piena, costante e continua senza che il bambino debba preoccuparsene.

Una carenza di quelle Esperienze Basilari del Sé legate alla soddisfazione di tali bisogni prelude all'insorgenza di disturbi, sintomi e disagi propri del periodo evolutivo.

In queste parole di Daniel Pennac c'è tutto il disagio dei ragazzi che vanno male a scuola (Diario di scuola-Feltrinelli, 2008):

"Gli studenti che vanno male non vengono mai soli a scuola. In classe entrano: svariati strati di...paura, preoccupazione, rancore, rabbia, desideri insoddisfatti, rinunce accumulati su un substrato di passato e presente minacciosi e di un futuro precluso.

Arrivano, il corpo in divenire e la famiglia nello zaino.

Difficile spiegarlo, ma spesso basta solo uno sguardo, una frase benevola, la parola di un adulto fiduciosa, chiara ed equilibrata per dissolvere quei magoni, alleviare quegli animi, collocarli in un presente significativo. Naturalmente il beneficio sarà provvisorio, la cipolla si ricomporrà all'uscita e forse domani bisognerà ricominciare daccapo. Ma insegnare è proprio questo: ricominciare..., collocare i nostri studenti nell'indicativo presente della nostra lezione".

Difficoltà nel comportamento, nel socializzare, nel linguaggio e nell'apprendimento in generale non sono che l'evoluzione di alterazioni precoci che, se riconosciute in tempo, possono dare il via all'organizzazione di interventi mirati che impediscono a quelle alterazioni di diventare ancora più complesse.

Genitori, insegnanti, operatori dell'infanzia e adolescenza sono chiamati in prima persona a riconoscere questi segnali di disagio psicocorporeo.

E dalle nuove Indicazioni Nazionali per il Curriculo evidenziamo che:

"La piena attuazione del riconoscimento e della garanzia della libertà e dell'uguaglianza (articoli 2 e 3 della Costituzione), nel rispetto delle differenze di tutti e dell'identità di ciascuno, richiede oggi, in modo più attento e mirato, l'impegno dei docenti e di tutti gli operatori dell'infanzia e dell'adolescenza a scuola, con particolare attenzione alle disabilità e a ogni fragilità"

Da queste considerazioni scaturisce con sempre maggiore chiarezza che la presa in carico dei BES e delle DSA debba essere al centro dello sforzo congiunto della Scuola, della Famiglia, della Società intera.

Questo è stato lo stesso principio che ha guidato l'ingresso del Pensiero Funzionale nelle scuole fin dalla nascita e affermazione del Funzionalismo, sia nell'ambito della prevenzione al disagio, sia sul sostegno alle difficoltà evolutive nel campo dell'apprendimento.

Ispirandosi alla Normativa di Legge (517/77, art.2 e 7 sull'integrazione scolastica e l'individualizzazione degli interventi) la progettualità del Modello Funzionale nella Sede di Napoli, cosi come nella realtà di ogni altra Sede sul nostro territorio, é entrata nelle Scuole riportando l'attenzione su quel corpo in divenire, sulle emozioni di alterate fragilità, sui funzionamenti fisiologici irrigiditi dalle paure e naturalmente sull'importanza anche dei contenuti cognitivi all'interno dell'attività umana dell'Insegnare ad Apprendere che è un migliorare, uno spostare il limite, un ricominciare ogni volta.

L'esperienza dell'Asilo nella Sede di Napoli fin dai primi anni '70 (1974-2002) ha permesso di approfondire sul campo, dal vivo, ciò che si andava ribadendo nei Convegni Nazionali ed Internazionali, nei dibattiti scientifici, negli interventi sul sociale e nelle Scuole circa lo Sviluppo del bambino nell'ottica del Pensiero Funzionale.

Gli interventi sulle problematiche dell'Infanzia e dell'Adolescenza si sono susseguiti negli anni '80/90, a Napoli e in altre città, nell'organizzazione di Progetti, Corsi di formazione e Aggiornamento degli Insegnanti, Master in scuole di ogni ordine e grado riconosciuti dai vari Provveditorati agli Studi.

La Legge 285/97 ha contribuito a sviluppare una sempre rinnovata cultura dell'Infanzia e dell'Adolescenza. L'obiettivo di fondo è: dare opportunità di sviluppo a bambini e bambine e a ragazzi e ragazze, responsabilizzando le Istituzioni e la Società, rinnovando l'interesse e l'attenzione verso i cittadini più giovani, prevedendo interventi sul disagio e contribuendo a sviluppare una politica sociale concepita come un investimento per lo sviluppo della Persona. Attraverso un'ampia gamma di interventi si è potuto consentire ai vari Comuni d'Italia la promozione di opportune iniziative volte all'informazione e alla formazione in campo scolastico e sociale.

Fra la fine degli anni '90 e gli inizi del 2000 ha preso il via il Progetto Benessere Infanzia e Adolescenza, ideato, promosso e realizzato a Napoli, Torre del Greco e Palermo, incentrato su un intervento ad ampio raggio che raggiungesse tutti gli attori del processo evolutivo/educativo: bambini, insegnanti, genitori, organizzando Laboratori specifici, attività ed Unità Didattiche volte alla rilevazione delle reali condizioni dell'infanzia oggi e a prevenire disagi e alterazioni proprie di quella fascia di età.

Insieme ad una valutazione multidimensionale degli allievi il Progetto, nel suo svolgimento complessivo, si è rivelato strumento di intervento preciso e calibrato nell'evidenziare situazioni individuali e collettive sulle capacità di apprendere, sul successo formativo in senso ampio, di successo sociale.

La formazione ha riguardato anche la capacità dei docenti di porsi come soggetti attivi nel processo di insegnamento-apprendimento, nel rendere la relazione pedagogica fondante sia con il bambino in difficoltà, sia nei confronti del bambino "sano".

Di particolare interesse risultano gli strumenti psico-didattici ideati e adoperati nella metodologia multidimensionale del pensiero Funzionale. Attraverso l'utilizzo di tali strumenti si è in grado di rilevare tanto bisogni e carenze che il bambino evidenzia nel processo di apprendimento, quanto i punti di forza e le capacità che vanno sviluppate nell'ottica di uno sviluppo psicoaffettivo generale, attraverso attività di riequilibrio, progettati a partire da una griglia di Valutazione Funzionale del Sé (16 item) e una Scheda di Osservazione (12 punti) che danno accesso alla definizione di un Profilo Dinamico Scolastico.

Strumenti che, basati sulla Psicologia Funzionale (Multidimensionale) sono in grado di prendere in considerazione emozioni-movimenti-posture-apparati fisiologici-simbolico/cognitivo, ma anche capacità comunicative, metodo di studio, comprensione del linguaggio dei media.

La Direttiva Ministeriale 27/12/2012 amplia l'area dello svantaggio scolastico allargandola a quegli alunni che presentano una richiesta di speciale attenzione per svantaggio culturale, Disturbi specifici di Apprendimento, disturbi evolutivi, tutto ciò che va sotto il nome di Bisogni Educativi Specifici.

Un'area vasta dello svantaggio scolastico che comprende tre categorie:

La disabilità, in cui rientrano tutti gli allievi la cui difficoltà è certificata dalla L104/92;

I Disturbi Evolutivi Specifici o dell'Apprendimento (dislessia, disgrafia, discalculia, disprassia…) che rientrano nella tutela della L170/2010;

Svantaggio comportamentale/relazionale, socioeconomico, linguistico (alunni stranieri), tutelati dalla stessa Direttiva Ministeriale27/12, nonché dalla CM n.8 del 6/3/2013.

La Direttiva Ministeriale amplia il discorso sul Deficit da Disturbo dell'Attenzione e Iperattività, noto con l'acronimo ADHD, che spesso si trova associato ai vari disturbi dell'età evolutiva: dell'apprendimento, di ansia, disturbi della condotta adolescenziale.

Facendo riferimento alle Esperienze di base del Sé vediamo quali di esse risultano maggiormente alterate nei diversi disturbi considerati.

Nell'area dei disturbi dell'apprendimento le difficoltà di lettura, di scrittura, di calcolo sono il segnale più evidente di reali difficoltà nell'Autonomia, nella Consistenza e Senso di sé, nell'Attenzione e nel Progettare, nel Mostrarsi e Relazionarsi all'altro.

Possiamo prendere in esame alcuni aspetti caratteristici dei disturbi specifici di apprendimento:

Assenza di patologie e anomalie organiche, neurologiche e/o sensoriali;

Discrepanza fra la scarsa autonomia nella decodifica dei messaggi e la presenza di altre capacità adeguate all'età cronologica;

Lentezza, Affaticabilità, Pervasività e la diversa Espressione del disturbo che minano la qualità delle performances, in campo scolastico e sociale;

Comorbilità nell'associarsi delle difficoltà con altri disturbi evolutivi (Deficit di attenzione e iperattività);

Conseguenze adattative serie nel corso dello sviluppo evolutivo del bambino ma anche dell'adulto di domani in situazioni di vita quotidiana;

Fragilità emozionale generatrice di condizioni di stress nel bambino e a successivi crolli pericolosi per la salute psicofisica della Persona.

Per la presa in carico dell'alunno con difficoltà viene richiesta ai docenti la redazione di un Piano didattico personalizzato che l'operatività consolidata nelle scuole della metodologia Funzionale potrebbe facilmente supportare con la sua pluriennale esperienza.

La progettualità che è rivolta specificatamente all'Accoglienza e all'Ascolto, all'Educazione all'Affettività, alla Prevenzione del disagio Emotivo/Relazionale ripropone l'importanza nell'Apprendimento delle EBS:

- ✓ Essere portati
- ✓ Essere visti e Ascoltati
- ✓ Abbandonarsi all'altro
- ✓ Stare
- ✓ Mostrarsi (anche e soprattutto nell'errore: Resilienza).

E' attraverso buone relazioni del bambino/adolescente con la famiglia e la scuola che si sostiene la Resilienza; alla base di essa si possono evidenziare alcune tra quelle che il Pensiero Funzionale individua come Esperienze basilari del Sé:

Un legame significativo con l'adulto (Affidarsi, fiducia)

Appartenenza a un gruppo

Valore di sé come persona (Consistenza)

Esperienze di realizzazione (Riuscire) con Curiosità e Creatività.

BIBLIOGRAFIA

A.P.A. (1952). Diagnostic and statistical manual of mental disorders (1st ed.). Washington, DC: American Psychiatric Association.

A.P.A. (1968) Diagnostic and statistical manual of mental disorders (2nd ed.) Washington D.C.: American Psychiatric Association.

A.P.A. (1980) Diagnostic and statistical manual of mental disorders (3rd ed.) Washington D.C.: American Psychiatric Association.

A.P.A. (1987) Diagnostic and statistical manual of mental disorders (3rd ed. Revised) Washington D.C.: American Psychiatric Association.

A.P.A., (1994), Diagnostic and statistical manual of mental disorders (4^{a}ed.)(DSM-IV), Washington, D.C., American Psychiatric Association.

A.P.A. , DSM-IV-TR (Manuale diagnostico e statistico dei disturbi mentali – Testo revisionato), USA, ed. or. 2000, trad. it, Quarta edizione italiana a cura di V. ANDREOLI - G.B. CASSANO - R. ROSSI, Masson, Milano, 2007, pp. 101 – 102.

A.P.A. (2013). Diagnostic and statistical manual of mental disorder (5th ed.) Washington D.C.: American Psychiatric Association.

Barkley R.A. (1997) Behavioral inibition, sustained attention, and executive functions: constructing a unifying theory of ADHD. Psychol Bull.;121:65-94.

Bernarducci F. (2015)- Le basi psicobiologiche del DDAI - Dipartimento di psicologia, Università degli studi di Roma "La Sapienza"   http://docplayer.it/3561811-Le-basi-psicobiologiche-del-ddai.html

Cantwell D.P. (1996) Attention deficit disorder: a review of the past 10 years. J Am Acad Child Adolesc Psychiatry; 35, 978-987.

Cornoldi, C. (1995). Metacognizione e apprendimento. Il Mulino, Bologna.

Douglas, V. I. (1983). Attention and cognitive problems. In M. Rutter (Ed.), Developmental neuropsychiatry, New York: Guilford.

Elia J., Ambrosini P.J., Rapoport J.L. (1999), Treatment of attention deficit hyperactivity disorder, "New England Journal of Medicine", vol. 340, pp. 780-788.

Gagliardini I., Conti E. (2014) – Bambini e Ragazzi con Problemi di Attenzione e Iperattività. Scuola di Psicoterapia Cognitivo Comportamentale dell'adulto e dell'età evolutiva.

Guevara JP, Stein MT.(2001) Evidence based management of attention deficit hyperactivity disorder. BR Medical Journal. ; 323: 1232-1235.

Levin, P. M. (1938). Restlessness in children. Archives of Neuorology and Psychiatry, 39, 764-770.

Linee Guida SINPIA (2002). ADHD: diagnosi & terapia farmacologiche.

Luccherino, L. (2012). Autoregolazione ed emozioni: quali interventi educativi? III° Convegno Regionale AIDAI Toscana. Arezzo. 1 Dicembre 2012.

Marzocchi, G.M. (2003). Bambini disattenti e iperattivi. Cosa possono fare per loro genitori, insegnanti e terapeuti. Il Mulino, Bologna.

Marzocchi, G.M. & Bacchetta, I. (2011). Quali sono le cause dell'ADHD? Il contributo delle neuroscienze nella letteratura. Psicologia Clinica dello Sviluppo, 15, 307-332

Marzocchi, G.M. & Scuratti, M. (2005). Funzioni Esecutive in adolescenti con sintomi di ADHD con problemi di condotta. Università di Milano – Bicocca.

Marzocchi, G.M, Re, A.M. & Cornoldi C. (2010). Batteria Italiana per l'ADHD – BIA. Trento: Edizioni Erickson.

Mataro M, Garcia-Sancuez C, Junque C, Estevez-Gonzales A, Pujul J. Magnetic resonance imaging measurement of the caudate nucleus in adolescents with attention-deficit hyperactivity disorder and its relationship with neuropsychological and behavioral measures. Arch. Neurol. 1997;54:963-968.

Passarini M.L. (2014) La diagnosi Funzionale in età evolutiva in Neofunzionalismo e Scienze Integrate, Rivista SEF n. 2

Passarini M.L. (2013) La consulenza alla genitorialità in "Le nuove frontiere del counseling: il counseling Funzionale" AAVV, Ed. Alpes

Rispoli L. (1993) Psicologia Funzionale del Sé, Astrolabio, Roma

Rispoli L. (2004) Esperienze di Base e sviluppo del Sé, Franco Angeli, Milano

Rispoli L. (2006) "Psicoterapia corporea (e lo sviluppo del Funzionalismo)", in Aa.Vv. Psiche – Dizionario storico di psicologia, psichiatria, psicoanalisi e neuroscienze, Einaudi, Torino

Rispoli L. (2012) "Sistemi integrati nel Funzionalismo moderno. Misurazione e intervento sullo stress", in Bottaccioli F. (a cura di), Stress e vita, Nuove tecniche, Milano

Rispoli L. (2013) "La psicoterapia Funzionale", in Salvini A., Nardone G. (a cura di), Dizionario di psicoterapia, Garzanti, Milano

Rispoli L. (2014) Il Manifesto del Funzionalismo, Alpes ed., Roma

Rispoli L. (2016) Il corpo in psicoterapia oggi, Neo-Funzionalismo e Sistemi Integrati, Franco Angeli, Milano

Sergeant JA, van der Meere JJ. Additive factor method applied to psychopathology with special reference to childhood hyperactivity. Acta Psychologica 1990; 74; 277-296.

Taylor E, Chadwick O, Heptinstall E, Danckaerts M. Hyperactivity and conduct problems at risk factors for adolescent development. J Am Child Adolescent Psychiatry 1996; 35: 1213- - dizionario storico di psicologia, psichiatria, psicoanalisi e neuroscienze, Einaudi, Torino

Taylor E, Sergeant J, Doepfner M, et al.(1998) Clinical guidelines for hyperkinetic disorder. European society for child and adolescent psychiatry. Eur Child Adolesc Psychiatry; 7; 184-200.

Vio C., Marzocchi G.M., & Offredi F. (1999). Il bambino con deficit di attenzione/iperattività: Diagnosi psicologica e formazione dei genitori. Trento: Edizioni Erickson.

AIDAI Associazione, www.aidai.org

http://www.aidaiassociazione.com/documents/Cornoldi-Marzocchi-Terapie_psico-sociali.pdf

http://www.icscavalcanti.it/wp-content/uploads/2013/04/4_ADHD_gli_interventi_educativi.pdf.

http://www.slideshare.net/CTI_Area_Ulss7/adhd-strategie

Grazie per aver letto questa pubblicazione!

Ti presentiamo nelle prossime pagine
la nostra Scuola e il Corso di
Specializzazione in Psicoterapia Funzionale.

www.psicologiafunzionale.it

La Scuola ti fornisce **metodologie e tecniche di intervento concrete e precise**, sia a livello individuale che di gruppo, poiché **puntiamo molto sulla ricerca** ed utilizziamo le scoperte più avanzate delle neuroscienze e di altre discipline attigue.

Ti avvarrai di una scuola **tra le prime in Italia** nella valutazione relativa ai livelli di qualità messi a punto dal Coordinamento Nazionale Scuole di Psicoterapia.

Crediamo nella formazione e nella crescita professionale, per questo motivo ti proponiamo un **ventaglio formativo molto ampio** che parte dai seminari e dai workshop gratuiti fino ad arrivare ai Master Specialistici ed alla Scuola di Psicoterapia (Quadriennale) dove prevediamo anche la possibilità di ottenere **Borse di Studio**.

Riconoscimenti della Scuola

- Membro del **CNSP** (Coordinamento Nazionale delle Scuole di Psicoterapia) dal 2001.

- Riconosciuta dall'**EABP** (European Association of Body Psychotherapy) dal 1987.

- Membro del Forum dell'**EABP** dal 1998.

- Aderente alla **SPR** (Società di Ricerca in Psicoterapia).

- Membro fondatore del **CSITP** (Comité Scentifique International de Thérapie Psycho Corporelle) dal 1987.

CORSO QUADRIENNALE

Specializzazione in Psicoterapia Funzionale
Corso riconosciuto dal MIUR

Specializzazione riconosciuta secondo l'art. 3 legge 56/89. Sono ammessi alla scuola i laureati in Psicologia e Medicina iscritti ai relativi albi professionali. L'iscrizione è subordinata alla valutazione di conoscenze, capacità, esperienze, motivazioni all'attività di psicoterapeuta, e della situazione clinica personale.

Programma formativo

Si articola per ciascun anno in: -Insegnamenti teorici - Gruppo didattico -Laboratori e seminari -Stages intensivi – Supervisione -Tirocini interni -Tirocini esterni.

Forma dei Corsi

Il monte ore totale (500 ore di cui 100 di tirocinio esterno l'anno) si svolge in un week-end ogni mese, da Gennaio a Dicembre, oltre ai 2 intensivi di 3 giorni, e agli incontri previsti per Laboratori, Seminari e Tirocini interni.

Valutazione

Verrà effettuata tramite verifiche in itinere e finali: esami, colloqui, valutazioni di capacità operative acquisite, tesi di ricerca.

Diploma

Alla fine dei quattro anni, completati tutti gli adempimenti richiesti, verrà rilasciato il Diploma di Specializzazione in Psicoterapia secondo l'art.3 della Legge 56/89.

Sedi SEF

- Napoli (sede centrale)
- Catania
- Firenze
- Padova
- Roma
- Benevento
- Brescia
- Lecce
- Milano
- Palermo
- Trieste

Per informazioni

- Tel. 081 03.22.195 (Sede Centrale, informazioni per tutte le sedi).
- formazione@psicologiafunzionale.it
- www.psicologiafunzionale.it